Francesco

LA GIOIA
DI OGNI GIORNO

A cura di Giuliano Vigini

MONDADORI

Dello stesso autore
in edizione Mondadori

Il cielo e la terra (con Abraham Skorka)
Non fatevi rubare la speranza
Non abbiate paura di sognare cose grandi
Evangelii Gaudium (edizione digitale)

Traduzione di Gloria Cecchin

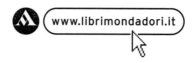

La gioia di ogni giorno
di Francesco

ISBN 978-88-04-63652-6

© Libreria Editrice Vaticana
© 2014 Arnoldo Mondadori Editore S.p.A., Milano
I edizione febbraio 2014

Indice

VII   *Presentazione*
     di Giuliano Vigini

3   I fondamenti della maturità umana e cristiana
31   Costruire vincoli sociali di speranza
36   L'etica del servizio come bene comune
43   Abbassarsi per salire in alto
47   Guardando con responsabilità ai bisogni degli altri
55   La via delle beatitudini evangeliche
64   La voracità del potere, la gratuità dell'amore
72   Le mani di Gesù e le mani nostre
75   Il pane della vita per sempre
78   Siamo unti per ungere
82   La fragilità che diventa fortezza
86   Gesù e le folle
90   La grazia del coraggio apostolico
93   Il «sì» che apre alla speranza
96   Il lieto annuncio della notte santa
99   Ricordo del testimone fedele Giovanni Paolo II
102   L'«oggi» di Gesù
106   L'incontro che dà inizio al cammino
110   La misericordia, volto dell'amore

114 Il senso della benedizione
118 La mansuetudine sacerdotale
122 Sentinelle contro la xenofobia e lo sfruttamento
126 Rimanete nel mio amore
130 Inviati con il sigillo dello Spirito
134 La festa del grande incontro
138 Educare alla speranza
142 La tristezza del mondo, la gioia cristiana
146 La sapienza dell'umiltà
152 Predicare la verità, fare il bene, rallegrare la vita
156 Essere pastori con l'odore delle pecore

Presentazione
di Giuliano Vigini

Ciò che colpisce innanzitutto nelle omelie pronunciate dal cardinal Bergoglio al tempo del suo ministero di arcivescovo di Buenos Aires è constatare come il papa di oggi sia tutto già qui. A leggere queste pagine, infatti, si avverte immediatamente che le parole, i gesti e i temi che si sono imposti in questo primo scorcio di pontificato del vescovo di Roma si pongono in un'assoluta linea di continuità con lo spirito, gli obiettivi e il metodo che hanno caratterizzato gli anni di Bergoglio alla guida della sua diocesi. Egli continua di fatto, da pontefice, a essere e ad agire come quando era a Buenos Aires, e anche se adesso gli orizzonti, le responsabilità e i problemi sono più grandi, l'idea di Chiesa e, prima ancora, il modo nuovo di «essere Chiesa» che papa Francesco vuole affermare sono gli stessi di allora. Così, se l'originalità dei contenuti, la saporosità del linguaggio, l'immediatezza dell'approccio comunicativo colpiscono perché portano una freschezza insolita nell'abituale standard della predicazione, l'importanza primaria di queste omelie risiede appunto nel fatto che esse disegnano già le traiettorie del cammino spirituale e pastorale della Chiesa di oggi.

Questo cammino ha naturalmente come punto di partenza e meta d'arrivo Gesù Cristo, la stella fissa che illumina le strade dell'uomo, spalancando davanti ai suoi passi l'orizzonte di una speranza che non delude, perché non si tratta di un concetto metafisico, astratto o dogmatico, bensì di una speranza incarnata: il Dio che si fa uomo e assume su di sé tutto il peso della caducità degli uomini. È appunto questa la speranza che libera e salva, nel segno del Cristo crocifisso, morto e risorto.

Il cuore della meditazione di Bergoglio ruota appunto intorno a questa speranza, e alla gioia tutta pasquale che da essa promana: sta qui, in fondo, l'essenza dell'annuncio e della testimonianza da portare al mondo come «buona notizia». Non però mediante una parola che si specchia in se stessa, ma che esce da sé e diventa gesto d'incontro, condivisione e servizio alla gente. E ciò corrisponde al modo in cui il vescovo ha sempre concepito il proprio ministero: quello di essere in primo luogo – per usare le parole di Giovanni Paolo II – «il sacramento della strada». Ossia il ministero di chi non resta tra le proprie mura e aspetta, ma si mette in cammino, andando incontro al popolo affidato alle sue cure, condividendone le fatiche e le speranze, annunciando e testimoniando il Vangelo di sempre nell'oggi dell'uomo. Questo all'interno di una visione complessiva, che non guarda soltanto alla realtà del paese in cui il vescovo vive e al quale rivolge continui appelli perché si impegni a superare le barriere delle divisioni e dei conflitti, della frammentazione, dell'indifferenza e dell'egoismo utilitaristico e avvii processi virtuosi di fraternità e unità, di solidarietà e pace. In realtà, la sua parola – ed è un tratto caratteristico della predicazione di Bergoglio – si apre a tutto lo scenario dei problemi e delle sfide che il mondo contemporaneo pone alla Chiesa e alla società, perseguendo in questo un progetto ecclesiale e formativo globale che, nel porre in modo dinamico e creativo l'obiettivo di come diventare adulti in Cristo, indica anche le tappe per raggiungere la pienezza della propria maturità di uomini, nella libertà, nella responsabilità e nell'amore.

Ci sono a tal fine mentalità e atteggiamenti che occorre rimuovere per entrare in una diversa logica della convivenza umana. E Bergoglio li denuncia con lucidità e franchezza, spesso anche con parole dure e forti, veri e propri pugni nello stomaco della coscienza cristiana. Ci si è assuefatti ad esempio, e si partecipa più che si può, all'insaziabile voracità del potere e del denaro; si è metabolizzata l'idea che, nella società di oggi, esistono processi economici e sociali ormai irreversibili e immodificabili nelle loro ferree regole di mercato. Si resta passivi o indifferenti, o si fa poco, contro la xenofobia, i pregiudizi sociali, lo sfruttamento, la tratta delle persone, l'espropriazione dei diritti degli ultimi (dai poveri ai migranti). Così, sulla base di queste mentalità e atteggiamenti diffusi, spesso la realtà delle persone non solo viene scavalcata, ma resa irriconoscibile, perché quello che conta alla fine è soltanto ciò che si produce, realizza, guadagna: per sé. Costi quel che costi: per gli altri.

Dunque, come cambiare prospettiva e improntare l'esistenza individuale e lo sviluppo sociale in termini di fraternità e solidarietà, cercando cioè di guarire dalle patologie pervasive del «mercato» e inserire il «dono» e il «servizio» come cifra ispiratrice del bene comune e stile personale di vita? Problemi che vengono affrontati in dettaglio nelle omelie, per sollecitare poi a una seria presa di coscienza individuale e collettiva, capace di generare quel «supplemento di anima», come avrebbe detto Bergson, che trasforma la società in un mondo più giusto e fraterno, realmente fatto per l'uomo.

Tutto può cominciare, però, se prima si esce dalla mediocrità di una vita abitudinaria, comoda e autoreferenziale, e si entra nell'ottica del «servizio», che per tutti e tanto più per i cristiani – sottolinea Bergoglio – non è un semplice impegno morale o una forma di volontariato da esercitare nel tempo libero, ma un atto di fedeltà a ciò che costitutivamente si è, e quindi un atto che corrisponde all'esigenza di amare totalmente, fino in fondo. Le sofferenze e le miserie di troppe persone sono davanti agli occhi. E questo vale per il suo popolo, al quale direttamente si rivolge, per i popoli latino-americani e per le società occidentali, dove si accentuano e aggravano fenomeni e situazioni di povertà ed emarginazione.

L'ostacolo che impedisce di guardare a questi drammi della povertà e dell'indifferenza che affliggono il mondo è la non-volontà di mettersi umilmente alla scuola di Gesù, per imparare la sua grammatica dell'amore, senza la quale si resta sempre all'alfabeto della vita. Alla fine, infatti, tutto si risolve nella capacità di amare, senza riserve e senza chiedere nulla in cambio. E anche su questo punto l'autore svolge meditazioni significative e ad ampio raggio, aiutando a scoprire in profondità il significato di questo amore che, pur essendo il traguardo e il cammino di ogni esistenza umana, sembra a volte inafferrabile come le capriole dei fantasmi. In realtà, se la vita è costitutivamente orientata all'amore e anzi si realizza soltanto attraverso di esso, perché si fa tanta fatica a trovarlo e a conservarlo?

La risposta è apparentemente semplice: perché la conquista dell'amore, visto nei suoi fondamenti religiosi, etici e umani e nella complessità delle sue relazioni individuali e sociali, è un lento quanto faticoso processo di trasformazione e crescita dell'intera persona. Perciò questo processo, nel lavoro interiore che comporta tappa per tappa, rappresenta un'autentica avventura, che però è necessario correre, se si vuol davvero imparare ad amare e quindi realizzare se stessi, diventando più liberi e responsabili, consapevoli di ciò che si è e del destino a cui si è chiamati.

Chi si sforza di perfezionarsi, progredire in Dio e rimanere nel suo amore, guardando a Cristo come modello, cammina nella direzione giusta e non si ferma più, perché – come insegna sant'Agostino nel suo commento ai Salmi (104,3) – «nella misura in cui cresce l'amore, cresce la ricerca di Colui che è stato trovato» (*Amore crescente, inquisitio crescat inventi*). Questo vuol dire che la ricerca di Dio non si conclude con la scoperta, ma riparte e s'intensifica in proporzione all'amore, che in Gesù Cristo, venuto a mettere la sua tenda tra gli uomini, ha preso un volto, si è manifestato, ha agito. E continua ad agire, così che possa crescere, nella Chiesa e nella società, una comunità che vive d'amore e porta la vita che nasce dall'amore. Amando Dio, infatti, si impara di riflesso anche ad amare gli altri, in famiglia e nella società, ossia ad applicare con generosità e letizia, attraverso opere di carità e misericordia, l'amore del prossimo, «il più grande e il primo dei comandamenti» (*Mt* 22,38).

Questo «comandamento nuovo» (*Gv* 13,34; *1Gv* 2,7-8; *2Gv* 1,5) si trova al centro della predicazione di Gesù, dove l'amore di Dio e l'amore del prossimo si congiungono in unità profonda, ponendosi anche al centro della Legge, perché l'amore ne diventa il vero cuore e la vera «pienezza» (*Rm* 13,10). Il culto gradito a Dio non sono i riti e le cerimonie in sé, che restano sterili e separati dalla vita, bensì il culto che dall'incontro con Lui si trasforma in offerta d'amore. Nella vita personale e comunitaria, dunque, ciò che conta e distingue la propria appartenenza a Cristo è il programma che si mette in atto nel rendere fecondo e dinamico l'amore del prossimo. La parabola del buon samaritano – così frequentemente evocata da Bergoglio – è, in questo senso, esemplare di un atteggiamento di generosità e apertura all'altro. Il samaritano (*Lc* 10,25-37) sfida le convenzioni religiose, culturali o sociali; non si chiude nella propria comunità di appartenenza o nel proprio gruppo religioso; non si pone e non fa domande teoriche: il suo «prossimo» – la persona concreta da amare – gli è lì davanti e lui lo «vede». Questo è anche il segno di riconoscimento dei discepoli di Cristo (*Gv* 13,35), chiamati a «farsi prossimo» e ad amare il prossimo come se stessi (*Mt* 22,39; *Mc* 12,31.33).

Nei confronti dei sacerdoti le parole di Bergoglio si fanno ancora più incalzanti, nel richiamare loro l'immagine che ritiene più conforme all'ideale sacerdotale: quella del «buon Pastore», che non solo va incontro alle pecore del suo gregge, ma sceglie di mescolarsi a esse, assumendone – come anche qui ama dire – il loro «odore». L'unzione sacerdotale («Siamo nati per ungere») vale nella misura in cui non serve per profumare se stessi o per essere conservata in un'ampolla, ma per profumare con olio di gioia, tenerezza e speranza i fratelli che la chiedono ai sacerdoti, che a loro volta la ricevono da Cristo. Questo è il primo impegno pastorale che il vescovo pone come obiettivo a se stesso e ai propri sacerdoti, esortati a pregare, a meditare la parola di Dio, a nutrirsi del pane eucaristico e a spezzarlo con tutti quanti hanno fame di questo pane della vita e della speranza, come qui viene definito («L'incontro che dà inizio al cammino»).

Un altro dei numerosi temi ricorrenti in queste omelie e tratto distintivo del pontificato di papa Francesco è la misericordia. La quale, si tiene a precisare, non è uno dei tanti attributi di Dio, ma la peculiarità primaria del suo modo di incontrarsi con l'uomo. La misericordia si associa al perdono, alla pazienza e alla magnanimità di Dio, per il quale nessuno è abbastanza lontano da Lui da non poter essere abbracciato dalla sua misericordia. Sapere che non c'è colpa abbastanza grande da non poter essere perdonata da Dio diventa motivo di conforto, speranza e coraggio ad andare avanti. E se così è Dio, devono esserlo anche i sacerdoti, chiamati a essere non intermediari o funzionari, ma miti, umili e paterni mediatori – e perciò anche fecondi intercessori – tra Dio e gli uomini. Nel predicare la verità del Vangelo, essi hanno dunque anche questo compito: di annunciare la gioia, la bellezza e la fecondità della fede che si colloca in questo orizzonte di misericordia. Non quindi una verità «fredda e perfino spietata e superba», ma animata da quella letizia («La tristezza è un male proprio dello spirito del mondo») e da quel lievito di misericordia che sono il segno dello Spirito che agisce e rinnova i cuori.

Come si vede, il magistero di papa Francesco trova già qui le sue radici. Queste omelie sono dunque una traccia preziosa per riconoscere la via maestra su cui oggi il nuovo pontefice sta indirizzando la Chiesa.

La gioia di ogni giorno

I fondamenti della maturità umana e cristiana

Ancora una volta la festa centrale di tutti i cristiani costituisce l'occasione per riflettere sul compito che ci riunisce qui. Cerchiamo di tastare il polso dei tempi in cui viviamo, e di capire come possiamo rifondare la nostra esperienza spirituale in modo che dia una risposta sicura agli interrogativi, alle angosce e alle speranze della nostra epoca.

Si tratta di uno sforzo davvero imprescindibile. Anzitutto, per cominciare da ciò che è più evidente, perché ci troviamo immersi in una situazione nella quale vediamo con chiarezza sempre maggiore le conseguenze degli errori che abbiamo commesso, e le esigenze avanzate dalla realtà del nostro popolo. Abbiamo la sensazione che la Provvidenza abbia voluto darci una nuova opportunità per costituirci in una comunità autenticamente giusta e solidale, in cui tutte le persone siano rispettate nella loro dignità e incoraggiate nella loro libertà, affinché possano realizzare il proprio destino di figlie e figli di Dio.

Questa opportunità è al tempo stesso una sfida. Nelle nostre mani abbiamo una responsabilità immensa, che consegue proprio dalla necessità di non sprecare la possibilità che ci viene offerta. Non c'è bisogno di rimarcare che a voi, cari educatori, tocca una parte molto importante di questo compito. Un compito denso di difficoltà, il cui sviluppo richiederà certamente di intraprendere pratiche di dialogo e perfino, perché no, di affrontare discussioni spinose, al fine di contribuire al bene comune da una prospettiva aperta e realmente democratica, superando la tendenza – così insita in noi – alle reciproche esclusioni e al discredito (o alla condanna) di chi pensa o agisce in modo diverso.

Mi permetto di insistere ancora una volta: noi argentini abbiamo una lunga storia di intolleranze reciproche. Perfino l'istruzione che abbiamo ricevuto a scuola poneva come punto centrale della nostra storia del XIX secolo, in tutte le versioni di volta in volta «ufficiali», lo spargimento di sangue fra compatrioti. Con questo scenario alle spalle, nella narrazione scolastica che considerava l'Organización Nacional* come il superamento di quelle contrapposizioni, siamo entrati come popolo nel XX secolo, per continuare però a escluderci, a vietarci, ad assassinarci, a bombardarci, a fucilarci, a schiacciarci e a farci sparire reciprocamente. Chi di noi è in grado di ricordare sa che l'uso dei verbi che ho scelto non è precisamente metaforico.

Saremo in grado di imparare, adesso? Sapremo maturare come comunità, affinché cessi finalmente di essere di dolorosa attualità l'aborrita profezia del *Martín Fierro*** sui fratelli che sono divorati da quelli che vengono da fuori o, peggio ancora, che si divorano tra loro?

Altri sguardi ci hanno mostrato, grazie a Dio, che in mezzo a noi danno i loro frutti anche progetti e iniziative di ogni sorta che promuovono la vita e la solidarietà, che rivendicano giustizia, che cercano la verità. Sarà in queste energie personali e sociali che dovremo immergerci per rispondere all'appello di Dio di costruire, una volta per tutte e con l'aiuto della sua grazia, una patria di fratelli.

Ma lo sforzo di leggere i segni dei tempi in cui viviamo per capire ciò che Dio ci chiede in ogni situazione storica è sollecitato anche dalla struttura stessa della fede cristiana.

---

* Nella storia dell'Argentina, con questo termine si intende il periodo compreso tra la sconfitta del regime «rosista» con la battaglia di Caseros, nel 1852, e la presa del potere da parte della cosiddetta «Generazione dell'80», attorno al 1880. (Tutte le note al piede sono a cura della traduttrice.)
** Poema epico argentino scritto da José Hernández nel XIX secolo.

Mi spingo a dire che, senza questo permanente esercizio, la nostra vocazione cristiana – di educatori cristiani, di pastori, di testimoni della risurrezione nelle molteplici dimensioni della vita umana – si indebolisce fino a perdere la sua autentica valenza trasformatrice. Non si può prestare orecchio alla parola di salvezza al di fuori del luogo in cui essa ci viene incontro, cioè la concreta storia degli uomini, nella quale il Signore si è fatto carne e all'interno della quale ha fondato la sua Chiesa, affinché predicasse il Vangelo «fino alla fine del mondo» (*Mt* 28,20).

Una comunità matura dà priorità alla vita

Nelle nostre comunità ecclesiali, siamo consapevoli del fatto che noi argentini stiamo vivendo un'epoca di cambiamenti e che oggi più che mai sono necessarie la preghiera e la riflessione, al fine di un serio discernimento spirituale e pastorale.

In particolare, vorrei richiamare l'attenzione di tutte le persone che hanno oggi il compito di accompagnare i bambini e i giovani nel loro cammino di maturazione. Credo sia fondamentale cercare di avvicinarci alla realtà che vivono i ragazzi nella nostra società, e interrogarci sul ruolo che noi svolgiamo in essa.

E volendo partire dalla realtà, non possiamo fare a meno di soffermarci su due fatti dolorosi che hanno scosso la società nel suo complesso, ma in particolare i giovani e chi sta loro vicino. Mi riferisco alla tragedia di Carmen de Patagones e a quel terribile 30 dicembre nel quartiere di Once, a Buenos Aires.* Due fatti molto diversi tra loro, che racchiudono però uno stesso messaggio per la nostra comunità: che cosa sta succedendo ai nostri ragazzi? O meglio: che cosa sta succedendo a noi, se non riusciamo a far-

---

* Il 28 settembre 2004 un ragazzo di 15 anni sparò contro i compagni in una scuola di Carmen de Patagones, a Buenos Aires, uccidendone 3. Il 30 dicembre dello stesso anno, sempre nella capitale argentina, in un incendio scoppiato in una discoteca morirono 194 persone.

ci carico della situazione di abbandono e solitudine in cui si trovano i nostri ragazzi? Come siamo arrivati a un punto tale per cui ci rendiamo conto dei problemi degli adolescenti solo quando uno di loro attraversa una crisi che lo spinge a uccidere i suoi compagni con un'arma da fuoco sottratta al padre? Com'è che ci accorgiamo della negligenza di tutti quelli che hanno il compito di seguire i nostri ragazzi solo quando quasi duecento persone, nella stragrande maggioranza bambini, adolescenti e giovani, perdono la vita, sacrificati in nome degli affari, dell'incuria e dell'irresponsabilità? Non tocca a noi, certo, stabilire responsabilità, anche se sappiamo che è imprescindibile che tali responsabilità siano chiarite e che ciascuno si faccia carico delle proprie. Non si possono diluire in una sorta di colpa collettiva azioni e omissioni umane che hanno avuto conseguenze così terribili. Come pregavamo nella messa di commemorazione un mese dopo la tragedia, «chiediamo giustizia a Dio. Gli chiediamo che il suo umile popolo non sia raggirato da nessuna astuzia mondana; che la sua mano potente rimetta le cose al loro posto e faccia giustizia. La ferita è dolorosa. Nessuno ha il diritto di giocare con la vita dei bambini e dei giovani. Sono la speranza di un popolo e dobbiamo prenderci cura di loro con responsabile determinazione».

Eppure, mentre confidiamo che al di sopra degli opportunismi politici prevalgano il senso di responsabilità e la serietà in ciò che da molto tempo dovrebbe essere garantito (il bene comune nella sua espressione più basilare, la vita stessa dei cittadini), sentiamo il bisogno di aprire gli occhi e di rivedere le nostre stesse opinioni, i nostri sentimenti, le nostre azioni e omissioni nell'ambito della cura, dell'assistenza e dell'educazione dei ragazzi e degli adolescenti. Perché un altro dei rischi che si possono correre è quello di ridurre il problema a una questione di sicurezza nei luoghi di svago, così come, alcuni mesi fa, il dibattito sulle situazioni di violenza che si riflettono nella scuola sarebbe potuto scivolare nella semplice indicazione di perizie psicologiche, in una sorta di «marcamento a uomo» dei ragazzi, da una prospettiva meramente medica, psicopatologizzante. E non voglio con questo sminuire l'importanza di garantire le misure di sicurezza dei locali pubblici, o il contributo indispensabile dei professionisti della salute. Sto semplicemente invitando a essere ben consapevoli che le cose non sono mai isolate, e che noi tutti (genitori, educatori, pastori...) abbiamo nelle nostre mani la responsabilità e anche la possibilità di fare di questo mondo un luogo molto più vivibile per i nostri ragazzi.

A questo proposito, vorrei ribadire alcune idee che ho condiviso con molti di voi durante il Forum per docenti lo scorso ottobre.

Siamo tutti coscienti delle difficoltà sempre maggiori che sorgono quando si tratta di guidare e seguire i ragazzi nelle nostre istituzioni educative. Come vi dicevo nel Forum, le pressioni del mercato, il consumismo e la concorrenza spietata, la carenza di risorse economiche, sociali, psicologiche e morali, i rischi sempre più seri che bisogna cercare di evitare... tutto questo fa sì che per le famiglie sia molto difficoltoso svolgere la propria funzione, e che la scuola rimane sempre più sola nel compito di controllare, sostenere e promuovere la crescita umana dei suoi alunni.

Questa solitudine finisce inevitabilmente per essere vissuta come un sovraccarico. So che voi, cari docenti, siete costretti a portare sulle vostre spalle non solo ciò per cui vi siete formati, ma anche una quantità di richieste esplicite o tacite che finiscono per sfiancarvi. A ciò si aggiungono i mezzi di comunicazione, che non si capisce bene se aiutano o confondono ulteriormente le cose, che sulla stessa pagina di giornale trattano questioni delicatissime con la medesima leggerezza con cui divulgano i fatti privati di personaggi dello spettacolo, in mezzo a pubblicità degli oggetti più inverosimili. Tutto questo mentre stiamo diventando sempre più simili a una società di controllo dove tutti diffidano di tutti, e mentre l'attenzione che giustamente si presta ora a molte forme di negligenza e di abuso va di pari passo con la cattiva abitudine di rendere pubbliche denunce senza verificare in modo adeguato le fonti, e con la mancanza di scrupoli di personaggi che nelle istituzioni vedono soltanto un'opportunità per lucrare a qualsiasi costo.

E dunque? Che cosa dovete fare voi, che siete così gravati e sfiniti? Avrà forse ragione chi dice: «Il mio compito è insegnare la tale materia, non mi dannerò l'anima per ricevere solo schiaffi in faccia, che gli altri si prendano le proprie responsabilità»? Già, magari ognuno facesse quel che deve fare... Ma, come vi dicevo qualche mese fa, la maestra non potrà limitarsi a essere la «seconda madre» che era in altre epoche, se non c'è stata la «prima». Sono sicuro che a tutti noi piace ricordare come da ragazzini potevamo giocare per strada, nutriti e amati a sufficienza, in famiglie dove il benessere, l'affetto e l'attenzione erano la quotidianità. So anche che più di una volta abbiamo provato a capire quando le cose hanno smesso di essere così, chi ha dato inizio a tutto, chi ha degradato l'istruzione, chi ha smantellato il legame tra istruzione e lavoro, chi ha indebolito la famiglia, chi ha scalzato l'autorità, chi ha sbriciolato lo Stato, chi ha condotto all'anarchia istituzionale, chi ha corrotto gli ideali, chi ha svuotato le utopie. Possiamo analizzare tutto questo fino allo sfinimento, possiamo discutere, esprimere opinioni, ma quello che non si può discutere è che voi vi confrontate ogni giorno con ragazzi e ragazze in carne e ossa, che hanno possibilità, desideri, paure e carenze reali. Ragazzi che sono lì, corpo e anima, con la loro realtà e le loro origini, davanti a un adulto, e rivendicano, sperano, criticano, pregano a modo loro, infinitamente soli, bisognosi, spaventati, confidando tenacemente in voi anche se a volte lo fanno con aria indifferente, sprezzante o rabbiosa; attenti a vedere se qualcuno gli offre qualcosa di diverso, o se gli chiude l'ennesima porta in faccia.

Una responsabilità immensa, che ci richiede non solo una decisione etica, non solo un impegno consapevole e coraggioso, ma anche, e più essenzialmente, un adeguato grado di maturità personale.

Maturità, un bene che a volte sembra scarseggiare nella nostra società argentina, sempre impegnati come siamo a ricominciare da zero, come se quelli che ci hanno preceduto non fossero esistiti, sempre a trovare il modo per sottolineare quel che ci divide, anche quando ciò che ci unisce è evidente, sempre a opporci, non si sa mai, a lanciare la pietra e nascondere la mano, a fischiettare sottovoce e guardare dall'altra parte quando brucia l'arrosto, proclamando patriottismo e passione per la giustizia mentre allunghiamo la bustarella sotto il tavolo o troviamo un amico che ci aiuta a passare davanti nella fila.

Una riflessione sulla maturità farebbe bene a tutti. Non solo per diventare più maturi riflettendo, ma per poterci vedere con occhi più aperti (chissà come ci vedono i nostri adolescenti?) e, di conseguenza, per cominciare a modificare almeno i comportamenti e le condotte che sono più alla nostra portata.

La maturità è più che crescita

Non è facile stabilire in che cosa consista la maturità. Soprattutto perché «maturità», più che un concetto, sembra una metafora. Presa dalla frutticoltura? Non lo so. Se così fosse, dovremmo subito segnalare che c'è una differenza fondamentale tra le mele e le pesche e gli esseri umani. Mentre il pieno sviluppo (perché di questo si tratta) dei frutti è un processo che dipende in modo diretto da determinate caratteristiche genetiche del vegetale e da adeguate condizioni ambientali (il clima, l'azione degli insetti, degli uccelli e del vento per l'impollinazione dei fiori, l'umidità, gli elementi nutritivi della terra, ecc.), nel caso della «maturità» umana non è solo questione di genetica e alimentazione. A meno di considerare l'uomo come un essere vivente in nulla diverso dagli altri (amebe, cactus).

A volte, leggendo articoli di divulgazione «scientifica», si ha l'impressione che i geni determinino nello stesso grado se un individuo avrà i capelli lisci o ricci, se perderà il primo dente a cinque anni, se andrà male a scuola, se sarà povero, se sarà socievole, se un giorno ammazzerà la suocera e se alla fine morirà di infarto a quarant'anni.

Ma se la maturità fosse soltanto lo sviluppo di qualcosa di predefinito contenuto nel codice genetico, davvero non ci sarebbe granché da fare. Il dizionario ci fornisce un secondo significato di «maturità»: «criterio o prudenza, assennatezza». E qui entriamo in un universo molto differente da quello della biologia. Perché la prudenza, il criterio e l'assennatezza non dipendono da fattori di crescita meramente quantitativi, bensì da tutta una catena di elementi che trovano una sintesi nell'interiorità della persona. Per essere più precisi, nel fulcro della sua libertà.

Di conseguenza la maturità, considerata da questo punto di vista (molto più interessante e ricco per la nostra riflessione), potrebbe essere intesa come la capacità di fare un uso «sensato», «prudente» della nostra libertà. Notate che in questo modo ci allontaniamo non solo dal riduzionismo biologico, ma anche dalla stessa prospettiva psicologica, per giungere a una considerazione di tipo etico. Attenzione: non si tratta di scegliere tra i diversi punti di vista. Senza un determinato bagaglio genetico non possiamo essere umani, e senza lo sviluppo delle facoltà che sono oggetto di studio della psicologia non si potrà parlare di maturità in senso etico. Ma proprio perché l'essere umano implica questa molteplicità di dimensioni, voglio sottolineare la differenza: non spetta a me, in quanto pastore, «dare lezioni» di psicologia, quello che posso fare è proporvi però una serie di riflessioni per l'orientamento del nostro libero agire.

Se parliamo di assennatezza e prudenza, allora la parola, il dialogo, perfino l'insegnamento hanno molto a che vedere con la maturità. Perché per arrivare ad agire in modo «sensato» è necessario aver accumulato molte esperienze, aver fatto molte scelte, aver tentato molte risposte alle sfide della vita. È ovvio che non c'è «assennatezza» fuori del tempo. In un primo momento, dunque, ancora molto vicino al punto di vista psicologico e perfino biologico, la maturità implica tempo.

Ma torniamo a considerare la persona matura come qualcuno che fa uso della propria libertà in un modo determinato. Qual è, ci chiediamo subito, questo modo? A questo punto, infatti, si apre un'altra questione: esiste una sorta di «tribunale della maturità»? Chi stabilisce quando qualco-

sa è «sensato e prudente»? Gli «altri» (e chi sono poi gli altri)? O ciascuno per sé, in base alla propria esperienza e al proprio orientamento? Se in prima istanza dobbiamo mettere in relazione la maturità con il tempo, subito dopo dovremo considerare il conflitto tra il singolo individuo e gli altri. La libertà nel tempo, la libertà nella società.
Questo è allora il cammino che vi propongo. Un cammino che, come vedremo, ci permetterà di comprendere la maturità umana in una prospettiva aperta. Perché alla fine scopriremo un'ultima dimensione della maturità: l'invito divino a trascendere l'orizzonte intersoggettivo e sociale per aprirci all'elemento religioso, passando cioè dalla maturità etica alla santità.
Ma non anticipiamo: la riflessione è ancora «acerba».

La maturità esige esperienza nel tempo

Affinché qualcosa cessi di essere «acerbo» e diventi davvero «maturo», è essenziale non avere fretta. Quante volte rimaniamo delusi da frutta molto bella che non sa di niente! E ci diciamo: «È di frigorifero...», ossia non ha avuto il tempo necessario per arrivare alla giusta maturazione.

Mutatis mutandis, anche la maturazione umana, nella sua dimensione etica, richiede tempo. Psicologi di varie scuole concordano, al di là delle loro differenze, sul fatto che la coscienza morale si sviluppa attraverso un processo che implica tappe e movimenti diversi, che avvengono necessariamente nel tempo.

È così: per arrivare a un certo grado di maturità, ossia per essere capaci di decisioni veramente libere e responsabili, è necessario che ci siamo dati (e che ci abbiano dato) tempo.

Nel tempo avvengono alcune operazioni imprescindibili per la formazione della libertà. Per esempio, la capacità di aspettare. Come sappiamo, «lo voglio subito» è il motto dei bambini piccoli e delle persone che riteniamo non siano maturate in modo adeguato. Probabilmente questa è una delle cose più importanti che dobbiamo imparare. Anche solo perché il passaggio dalla soddisfazione immediata all'attesa, ossia la simbolizzazione e la mediazione dell'azione pensata è una delle caratteristiche che ci definiscono come esseri umani. In noi, lo stimolo non risveglia necessariamente una risposta immediata e automatica. È proprio nello spazio fra lo stimolo e la risposta che abbiamo costruito tutta la nostra cultura.

Ciò comporta un lungo cammino di apprendistato, sulla base di capacità che vanno maturando a partire da fattori biologici e psichici. Di solito ci raffiguriamo il «vecchio saggio» come una persona che ha raggiunto una certa «imperturbabilità». A prescindere da alcuni accenti presenti in simili immagini, tipici della visione orientale del mondo, è vero che questa presa di distanza rispetto alle cose e alle sollecitazioni esterne è uno degli aspetti che caratterizzano tutti quei personaggi che possono essere ricondotti ai concetti di «assennatezza» e «prudenza». Almeno per quanto riguarda la capacità di non lasciarsi guidare dagli impulsi immediati. L'uomo prudente, maturo, «pensa» prima di agire. «Si prende il suo tempo.»

Sarà superfluo segnalare che tutto ciò implica una serie di operazioni che diventano molto difficili nell'attuale «cultura digitale»? Il tempo della riflessione non è assolutamente il tempo della percezione e della risposta immediata dei giochi elettronici, della comunicazione online, di tutte quelle operazioni in cui l'importante è «essere connessi» e «agire velocemente». Il punto non è proibire ai ragazzi di giocare con gli apparecchi elettronici, ma trovare il modo di far nascere in loro la capacità di distinguere le diverse logiche, senza applicare univocamente la velocità digitale in ogni ambito della vita.

Si tratta anche di fare attenzione alle nostre stesse tendenze «stimolo-risposta immediata». Un esempio: la moda – che deriva dai media – dell'«opinione»: tutti hanno un'opinione su tutto, conoscano o meno l'argomento, abbiano elementi di giudizio oppure no. Come motivarci a «pensare», a dialogare, a scambiarci punti di vista per costruire posizioni solide e responsabili, quando ci imbeviamo quotidianamente di uno stile di pensiero che poggia su ciò che è provvisorio, labile, e non si preoccupa di essere coerente? È chiaro che non possiamo evitare di far parte della «società dell'informazione» nella quale viviamo, ma certamente possiamo «prenderci del tempo» per analizzare, dispiegare possibilità, prevedere conseguenze, scambiare punti di vista, ascoltare voci differenti, costruendo in questo modo la trama dialettica a partire dalla quale sarà possibile arrivare a decisioni «prudenti».

Prendersi del tempo per aspettare significa anche prendersi del tempo per costruire. Le cose realmente importanti richiedono tempo: imparare un mestiere o una professione, conoscere una persona e iniziare una relazione duratura di amore o amicizia, saper distinguere quel che è importante da ciò di cui si può fare a meno.

Voi sapete bene che ci sono cose che non si possono esaurire dentro un'aula scolastica. Ogni ragazzo ha i suoi tempi, ogni gruppo ha il suo ritmo. L'anno scorso vi parlavo della differenza tra «dare frutti» e «raggiungere risultati». Ebbene, una delle differenze è proprio la qualità del tempo che presuppongono questi due obiettivi. Quando si tratta di raggiungere dei risultati, si può prevedere e perfino razionalizzare il tempo; nell'attesa dei frutti, no. È appunto un'attesa: il tempo, il ritmo non sta nelle nostre mani. È qualcosa che implica umiltà, pazienza, attenzione e ascolto.

Il Vangelo ci offre l'immagine bellissima della sacra famiglia che «si prende il suo tempo», lasciando che Gesù maturi, che cresca «in sapienza, età e grazia davanti a Dio e agli uomini» (Lc 2,52). Dio stesso ha fatto del tempo il fulcro del suo piano di salvezza. L'attesa del suo popolo è sintetizzata e simbolizzata nell'attesa di Maria e Giuseppe davanti a quel bambino che «si prende il suo tempo» per maturare la propria identità e la propria missione, e che in seguito, ormai uomo, fa dell'attesa della «sua ora» una dimensione essenziale della sua vita pubblica.

Ebbene, c'è qualche differenza, su questo punto, tra i frutti che maturano in un tempo determinato e le persone che richiedono tempo per maturare la loro libertà? Come agisce il tempo su di noi, per avere un ruolo così importante?

Il tempo è indispensabile, ma non solo in quanto dimensione «cronologica», quantitativa. «Il tempo è esperienza», d'accordo, ma solo se ci si è dati l'opportunità di «fare esperienza dell'esperienza». Ovvero: la questione non è semplicemente che «succedano delle cose», si tratta di appropriarsi del significato e del messaggio insito nelle cose che succedono. Il tempo ha senso nel quadro di un'attività dello spirito in cui intervengono la memoria, la fantasia, l'intuito, la capacità di giudicare. Pochi hanno penetrato questo concetto in modo così profondo e bello come sant'Agostino:

> Cos'è dunque il tempo? Se nessuno m'interroga, lo so; se volessi spiegarlo a chi m'interroga, non lo so. ... il passato e il futuro, come esistono, dal momento che il primo non è più, il secondo non è ancora? Forse sarebbe esatto dire che i tempi sono tre: presente del passato, presente del presente, presente del futuro. Queste tre specie di tempi esistono in qualche modo nell'animo e non le vedo altrove: il presente del passato è la *memoria*, il presente del presente la *visione*, il presente del futuro l'*attesa* [il corsivo è mio].*

La maturazione nel tempo è, nell'essere umano, molto più che il trascorrere oggettivo di un progetto biologico. È «distensione dell'anima», diceva sant'Agostino; l'esperienza del tempo avviene cioè nell'anima stessa, nei suoi moti e nella sua attività. In effetti, «maturare» nel tempo significa mettere in gioco la «memoria», la «visione» e l'«attesa». Per lo smemorato, per chi non tiene nota di quel che è successo e dei suoi accadimenti interiori, il tempo è un mero fluire privo di senso. Senza memoria, viviamo un puro presente senza densità, un presente che sta sempre incominciando, vuoto. Essere «immaturi» significa, in questa prospettiva, essere appunto «appena atterrati», non avere l'appoggio, davanti alla necessità di dare risposte alle sfide della realtà, delle esperienze ricordate e ponderate.

Ci diciamo a volte che siamo un popolo immaturo. Ma questo non deve essere imputato al fatto che abbiamo una

---

* Agostino, *Le Confessioni*, XI, 14, trad. it. Torino, Einaudi, 2000, p. 431.

storia ancora breve, bensì al fatto che non abbiamo saputo «ruminare» questa storia. Poco è quel che abbiamo imparato, e tendiamo a inciampare più e più volte nella stessa pietra. Dal momento che non impariamo, che non ci riconfiguriamo sullo sfondo di esperienze precedenti che avrebbero molto da insegnarci, ci rimane soltanto un vuoto presente, il presente del «tutto subito», il presente del consumismo, lo spreco, l'affannosa ricerca di un facile arricchimento, l'irresponsabilità (tanto, chi se ne ricorderà?) o, in un tentativo di proteggerci, il presente immediato della diffidenza reciproca e dello scetticismo.

Fare memoria, mantenere viva la memoria dei successi e delle sconfitte, dei momenti di felicità e di quelli di sofferenza, è l'unico modo di non essere come «bambini», nel senso peggiore del termine: immaturi, senza esperienza, terribilmente vulnerabili, vittime di qualsiasi lusinga che ci si presenti rivestita di luci colorate. Oppure come «vecchi», di nuovo nel senso più triste: disillusi, corazzati di amarezza. Nemmeno la «memoria selettiva» porta a maturare, perché fa a pezzi i dati, i momenti del cuore, gli episodi della vita, distorcendo la totalità. Si crea una sorta di essere mitologico: per metà realtà vissuta, per metà fantasia (la si chiami illusione, ideologia, desiderio). D'altro canto, ricordiamoci che la manipolazione della memoria non è mai innocente; anzi, è disonesta.

E l'attesa, il presente del futuro nell'anima, come dice sant'Agostino? Come possono esserci esperienza e assennatezza se non sappiamo verso dove vogliamo andare, da quale parte guardare per scegliere tra le possibilità che ci si presentano, in quale direzione seminare, costruire e scommettere? La dimensione temporale della maturità implica anche tener conto della «distensione» dell'attesa: trasformare il desiderio in speranza. Il presente, in quanto momento di decisione, in quanto unica attualità della libertà che sceglie, si dissolve senza questa capacità di vedere ciò che desideriamo nei moti impercettibili e nei minuscoli semi che teniamo già tra le mani. Semi che scarteremmo, moti che lasceremmo perdersi se non fossimo capaci di alimentare l'aspettativa che a partire da essi, e attraverso il tempo e nuove decisioni, può crescere il bene che desideriamo; se non avessimo imparato ad aspettare attivamente. E così, ci dice ancora sant'Agostino, il presente è «visione»: di quello che fu, di quello che è e, soprattutto, di quello che può essere. Campo peculiare della libertà, campo peculiare dello spirito. In questo aspetto di visione si radica la dimensione contemplativa, elemento necessario della maturità.

Senza questa concomitanza di passato, presente e futuro, un'intersezione che avviene nell'attività dell'anima umana, non ci sono progetti possibili. Solo improvvisazione. Cancellare ciò che è accaduto prima, per tornare a scrivere senza appigli ciò che domani un altro cancellerà. Non è arrivato il momento di imparare a progettare, ad attendere e sopportare lo sforzo e l'attesa? Torniamo al punto di partenza della nostra riflessione: non c'è qualcosa di tutto questo nella tremenda vulnerabilità dei nostri bambini e dei nostri adolescenti? Non si stanno forse affacciando alla vita senza una «narrazione» che permetta loro di costruire la propria identità e di delineare le proprie possibilità? Non si tratta di tornare al pubblicizzato e trito luogo comune della «fine delle narrazioni», che altro non è stato se non l'imposizione violenta di un'unica narrazione, un «racconto», sì, «senza tempo», basato sulla cieca fiducia in leggi relative alla ricchezza, all'oblio e all'illusione che una montagna di beni di consumo fosse davvero la terra promessa. «Racconto» che non è mai stato corroborato da nessuno, illusione collettiva cui si è potuto credere solo sotterrando la memoria e degradando la speranza. Questo è ciò che succede quando l'ideologia permea l'intera attività umana e si impone con un dogmatismo che non conosce né memoria né realtà né visione. Gli odierni «progressismi adolescenziali» impediscono ogni reale progredire umano e, nel nome di un supposto progresso, privo però della forza della memoria, della realtà e della visione, delineano totalitarismi di vario genere, ma crudeli quanto quelli del XX secolo; totalitarismi guidati dai guru «democratici» del pensiero unico, che scambiano il processo di maturazione delle persone e dei popoli per una fabbrica di conserve.

Oggi abbiamo l'opportunità di toccare con mano una delle più terribili conseguenze del disorientamento in cui versano gli adulti: la morte dei ragazzi. Se non c'è passato, non si impara; se non c'è futuro, non si scommette né si prepara. Restiamo tutti appesi al nulla, all'ingannevole atemporalità dei monitor. Tutto oggi, tutto adesso, cos'altro importa? E chi non è riuscito a mettere a segno il colpo oggi, ha perso. Si è perso. Non ha un posto, non ha tempo. Si aggirerà per le strade e nessuno lo vedrà, come quelle bande di bambini che chiedono una moneta o prendono a pugni un telefono pubblico per cavargli qualche centesimo. Bambini senza tempo, bambini a cui non è stato dato il tempo di cui avevano bisogno. O come gli adolescenti che non sanno che cosa aspettare e non hanno da chi imparare, con genitori assenti o vacui, in una società che li emargina o li allontana e assegna loro il ruolo di vittime o di carnefici (e spesso è il colore della pelle a decidere il ruolo), invece di riconoscerli come soggetti pieni di futuro: sempre e nella misura in cui la comunità dia loro ciò di cui hanno bisogno per il futuro.

Quella stessa cultura dell'immediato che ha prodotto adolescenti che oggi, oggi soltanto, credono di poter trovare soddisfazione in qualsiasi prodotto venga loro offerto: oggi, perché bisogna vendere oggi, non importa se domani il ragazzo vive o no, se cresce o no, se impara o no. Adolescenti che, nel parossismo del presente come unico orizzonte, molte volte sono vittime e/o carnefici della spinta compulsiva a contare qualcosa oggi, non importa per cosa né come, non importa se nel modo peggiore, giocando d'azzardo con la propria vita e con quella degli altri, perché, comunque, che importa il domani? Oggi, oggi soltanto, arrivando a uccidere per impossessarsi di qualche soldo, allo stesso modo in cui altri più grandi hanno lasciato morire (o hanno provocato la morte) per impossessarsi di una quantità infinitamente più grande di denaro.

È la legge della vita, quando non c'è «distensione dell'anima». Quando il passato non è «memoria» e il futuro non è «attesa», il presente non è «visione» bensì fatale cecità.

Permettetemi però un'ultima precisazione: «prendersi tempo» non è la stessa cosa che «lasciarsi andare». La vigilanza è un aspetto fondamentale dell'attesa. Gesù stesso, intento alla sua «ora», non risparmiò immagini per far attecchire nei suoi discepoli le parabole dei servi che aspettano il loro padrone, delle vergini che attendono il promesso sposo in modo saggio e prudente, e di quelle che invece non lo fanno. È qui che vediamo con chiarezza la potenzialità insita nel tempo presente: non solo visione, ma dono. Il presente è ciò che riceviamo non per lasciare che si trasformi inutilmente in passato, ma per trasformarlo in futuro, con l'azione.

Per concludere: la libertà si realizza pienamente, in modo maturo, quando è libertà responsabile. È allora che diviene luogo di incontro delle tre dimensioni del tempo. Una libertà che riconosce quel che ha fatto e quel che non ha fatto (dal presente al passato), si appropria delle sue decisioni al momento giusto (il presente) e si fa carico delle conseguenze (dal presente al futuro). Questa è una libertà matura.

La maturità implica libertà

Una seconda dimensione della maturità era legata alla tensione tra individuo e comunità. Tensione che, vogliamo sottolinearlo da subito, è quantomeno inevitabile, nel senso che l'uno decisamente non può esistere senza l'altra, e viceversa.

Tralasciamo però le questioni basilari implicite in questo tema (d'altra parte sufficientemente articolate nell'antropologia biblica e nella concezione dell'uomo come persona unica e al contempo essere sociale), per interrogarci direttamente sul rapporto tra «essere una persona matura» (possedere cioè, in base alla seconda accezione della parola nel dizionario, «criterio o prudenza, assennatezza») ed essere una persona «adattata alla società».

In una prima e veloce approssimazione, la maturità sembrerebbe avere a che fare con questo «adattamento». Generalmente, almeno, si collega subito l'«immaturo» con il «disadattato». A volte (anche nelle nostre istituzioni), il concetto di «immaturità» serve a stigmatizzare, senza arrivare alla condanna morale, chi si allontana da «quel che ci si aspetta», chi si comporta in modo imprevisto o inappropriato in base ai criteri correnti. «Non è una cattiva persona, solo un po' immaturo»: non è un modo di dire molto comune tra noi?

Con questo, la questione si complica. Anzitutto, è fuori luogo parlare di persone immature, bisognerebbe piuttosto dire comportamenti immaturi. E comunque, non è così facile stabilire il criterio per discriminare un comportamento da un altro. Chi definisce che cos'è «maturo»? Ossia: a che cosa bisogna «adattarsi»? All'«autorità»? Alla «maggioranza»? All'«ordine costituito»?

Il criterio che assimila maturità e adattamento diventa particolarmente problematico se consideriamo alcune situazioni. Non molto tempo fa, le autorità del nostro paese dicevano che «il silenzio è salutare», e lo facevano sentire. Non mancò tuttavia chi alzò la voce a favore dei diritti umani e contro i vari soprusi verso i poveri e chi non si allineava all'ideologia dominante. Un altro esempio: è probabile che «la maggioranza» consideri «più conforme al mondo in cui viviamo» fare un piccolo «omaggio» al vigile urbano o all'ispettore piuttosto che pagare una multa cospicua presso l'ufficio competente. Sarà allora da «immaturi» rifiutarsi di appartenere a questa rete di corruzione, che non è meno perniciosa per il fatto di essere «accettata»? Ma ovviamente qui entra in gioco la figura dell'«ordine costituito», in questo caso il codice stradale o la regolamentazione delle licenze di commercio o della vendita al dettaglio. Piaccia o no a molti argentini, l'«adattato» (e «maturo») non starebbe dunque dalla parte delle pratiche corrotte ma diffuse, bensì dal lato di ciò che prescrive la legge, anche se poco rispettata. E tuttavia la faccenda torna a complicarsi quando i soggetti si vedono obbligati ad agire contro le leggi in nome di ciò che ritengono giusto. È la storia del movimento operaio in tutto il mondo: quante battaglie, quanta sofferenza, quante morti perfino, è costato il riconoscimento della legittimità dei diritti del lavoratore e della sua famiglia, della regolamentazione del lavoro minorile, e così via, contro la rapacità del capitalismo dell'epoca, che si era autolegittimato? Possiamo forse dire che quei pionieri nelle lotte per la dignità del lavoro umano fossero persone «immature»? Noi cristiani dovremmo essere i primi (e non sempre lo siamo!) a rifiutare la frettolosa identificazione tra «maturità» e «adattamento». Gesù, niente meno, avrebbe potuto costituire per molti suoi contemporanei il paradigma del disadattato, e di conseguenza dell'immaturo. Lo testimoniano gli stessi Vangeli, quando descrivono le reazioni che suscitavano i suoi comportamenti («Ecco, è un mangione e beone, un amico di pubblicani e di peccatori», *Mt* 11,19) e i suoi atteggiamenti di rottura rispetto ai modelli istituzionali («Allora i suoi, sentito questo, uscirono per andare a prenderlo; dicevano infatti: "È fuori di sé"», *Mc* 3,21; si veda anche la risposta che dà Gesù sulla sua «vera famiglia», *Mc* 3,33-35). La stessa cosa è sottesa alla sua polemica con i farisei e i sommi sacerdoti riguardo la Legge e il Tempio. Potremmo leggere i Vangeli nella loro totalità, e in particolare quello di Giovanni, come il tentativo di rispondere a questa domanda rivolta al Signore: «Con quale autorità fai queste cose? O chi ti ha dato l'autorità di farle?» (*Mc* 11,28). A quell'epoca, in cui non c'era una mentalità scientifica e neppure umanistica nel senso moderno, chi sfidava in qualche modo le autorità, l'ordine costituito o la maggioranza, non era considerato «immaturo» bensì «indemoniato» (*Gv* 8,48.52) o «bestemmiatore» (*Gv* 10,33). Così, la reazione di fronte al modo di comportarsi di Gesù sarebbe culminata nelle accuse mortali, prima di bestemmia (*Mt* 26,65-66) e poi di ribellione contro Cesare (*Gv* 19,12-15).

E che dire di san Paolo, in tante situazioni sgradito all'establishment al punto da finire in carcere, essere lapidato e giustiziato? E di tanti e tanti martiri e testimoni della fede, che hanno sfidato i principi e i valori del proprio tempo, attirando su di sé le ire del potere? A ben vedere, i santi sono sempre stati un sassolino nella scarpa dei loro contemporanei. E non potrebbe essere altrimenti, considerando la fonte dell'autorità di Gesù, che trascende ogni «criterio» possibile a questo mondo.

Se la maturità fosse un semplice adattamento, il fine del nostro compito educativo sarebbe «adattare» i ragazzi, queste «creature anarchiche», alle buone norme della società, quali che siano. A quale prezzo? A costo dell'imbavagliamento e della sottomissione della soggettività. O, peggio ancora, a costo della privazione di ciò che è più peculiare e sacro in una persona: la sua libertà. Che sfida terribile è allora l'educazione nella e per la libertà, poiché richiede a tutti noi, insegnanti e formatori, pastori e maestri, una relativizzazione disinteressata del nostro modo di vedere e sentire, per disporci alla ricerca umile e sincera della verità.

Attraverso una via indiretta giungiamo dunque a vedere che la maturità comporta, più che l'«adattamento» a un modello dominante, la capacità di prendere posizione a partire da se stessi, nella situazione determinata in cui ci si trova. In altre parole, possedere la libertà di scegliere e decidere secondo la propria esperienza e i propri desideri, in consonanza con i valori cui si aderisce.

La maturità giunge a pienezza nell'amore

Tutto questo significa allora la canonizzazione automatica di ogni soggettivismo, di ogni eccentricità, di ogni aspirazione dell'individuo in quanto tale?

Niente affatto. La domanda che rivolgevano a Gesù i suoi contemporanei era in sé valida. Le sue parole e le sue opere non potevano presentarsi come pura rottura, dovevano avere un riferimento di verità. Il momento «negativo» della critica, della ribellione, della soggettività come rifiuto della sottomissione deve poggiare sul momento «positivo» della trascendenza, dell'aspirazione a un'universalità più ampia, a una verità più piena. Non era il potere ciò che i martiri hanno rifiutato: era il potere che avvantaggiava solo alcuni. Non è la Legge ciò che Gesù combatteva: era la Legge che annullava il riconoscimento del prossimo. Non è la maggioranza ciò che il testimone della verità rinnega: è la maggioranza che priva di visibilità e di parola tutti gli altri, le altre presenze e le altre voci.

In altre parole, la libertà non è un fine in sé, un buco nero dietro il quale non c'è niente. Attiene all'esistenza più piena dell'essere umano, dell'uomo nella sua interezza e di tutti gli uomini. Si fonda sull'amore, come affermazione incondizionata della vita e del valore di tutti e di ciascuno. In questo senso possiamo compiere un ulteriore passo avanti nella nostra riflessione: la maturità implica non solo la capacità di decidere liberamente, di essere i soggetti delle nostre scelte in mezzo alla molteplicità di situazioni e configurazioni storiche in cui ci troviamo, ma comprende anche l'affermazione piena dell'amore come vincolo tra gli esseri umani. Nelle diverse forme assunte da tale vincolo: interpersonali, intime, sociali, politiche, intellettuali.

Non è cosa diversa il concetto, che abbiamo già presentato, di «libertà responsabile». Davanti a chi siamo responsabili, se non davanti all'altro e davanti a noi stessi in quanto membri della famiglia umana? Un momento, direte: non siamo responsabili anzitutto di fronte a Dio? Sì, certamente. La verità è che Dio lo vediamo come attraverso uno specchio, come in un enigma. E la prova più conclusiva dell'autenticità e verità del nostro essere responsabili di fronte a Lui è sempre quella dell'amore per il prossimo (*1Gv* 4,20), vissuto a partire dalla verità più intima della nostra coscienza (*1Gv* 3,21-24) fino nelle opere più concrete e fattive che mostrano la nostra fede (*Gc* 2,18). Una personalità matura, quindi, è quella che è riuscita a innestare il suo carattere unico e irripetibile nella comunità dei suoi simili. Non basta marcare la differenza: bisogna anche riconoscere la somiglianza.

Che cosa implica tutto questo per la nostra vocazione e il nostro compito di educatori cristiani?

Implica l'esigenza di costruire e ricostruire i legami sociali e comunitari che l'individualismo sfrenato ha spezzato. Una società, un popolo, una comunità, non è soltanto una somma di individui che non si disturbano a vicenda. La definizione negativa di libertà, secondo cui essa finisce dove comincia quella dell'altro, è una definizione monca. Perché dovrei volere una libertà che mi chiude nella cella della mia individualità, che lascia fuori gli altri, che mi impedisce di aprire le porte e condividere con il vicino? È una società desiderabile quella in cui ognuno gode solamente dei propri beni, e per la quale l'altro è un potenziale nemico finché non dimostra che niente di me gli interessa?

Vorrei che mi si comprendesse bene: non saremo noi cristiani a cadere in una concezione romantica e ingenua della natura umana. A prescindere dalle formulazioni storiche, la credenza nel peccato originale vuole dirci che in ogni uomo o donna alberga un'immensa capacità di bene, e anche di male. Nessuno è immune, in ogni nostro simile può annidarsi il peggior nemico, perfino di se stesso.

Ma questa considerazione, la si voglia realistica o teologica, è solamente il punto di partenza. Perché è a partire da qui che bisogna pensare in che cosa consiste il compito dell'uomo nella storia, a quale impresa sono chiamate le comunità umane, qual è il fine della civiltà: semplicemente sancire la pericolosità degli uni per gli altri, limitando le possibilità di conflitto, o piuttosto promuovere le più alte facoltà umane in vista di una crescita della comunione, dell'amore e del reciproco riconoscimento che miri alla costruzione di un vincolo positivo, e non già meramente negativo?

Abbiamo fatto molti passi avanti, e moltissimi ne restano da fare, nel compito di portare alla luce le numerose situazioni di violazione della dignità delle persone, e specialmente dei gruppi più colpiti e sottomessi. Particolarmente importanti sono stati i progressi riguardo la coscienza dei diritti dei bambini, l'uguaglianza fra uomini e donne, i diritti delle minoranze. Ma è necessario fare un ulteriore passo: non è mettendo l'individualismo sull'altare che si dà ai diritti della persona il posto che spetta loro. Il massimo diritto di una persona non è soltanto che nessuno le impedisca di realizzare i suoi fini, ma che possa effettivamente realizzarli. Non basta evitare l'ingiustizia, se non si promuove la giustizia. Non basta proteggere i bambini da abbandono, abusi e maltrattamenti, se non si educano i giovani a un amore pieno e totale per i futuri figli. Se non si danno alle famiglie tutte le risorse di cui hanno bisogno per portare avanti la loro missione fondamentale. Se non si promuove all'interno della società un'attitudine di accoglienza e amore per la vita di tutti e di ciascuno dei suoi membri, attraverso i vari mezzi con cui lo Stato deve contribuire.

Una persona matura, una società matura, dunque, sarà quella la cui libertà sia pienamente responsabile a partire dall'amore. E questo non cresce da solo sul ciglio delle strade. Bisogna investirci molto lavoro, molta pazienza, molta sincerità, molta umiltà, molta generosità.

Camminando verso la maturità

In che modo possiamo trasformare queste riflessioni in indicazioni concrete per dare modo a noi educatori cristiani di iniziare ad assolvere i compiti improrogabili che ci sono richiesti?

a) Fortificare la comunità ecclesiale
In primo luogo, penso sia imprescindibile rafforzare tra di noi il senso di comunità ecclesiale. Per metterci in ascolto di ciò che ci dice Dio nella realtà attuale, non c'è altro luogo che il grembo della comunità dei credenti. L'umile comunità ecclesiale reale e concreta, non quella che desideriamo o che sogniamo. Con i suoi errori e i suoi peccati, inserita in un processo mai concluso di penitenza e conversione, alla ricerca di nuove e migliori vie di comunicazione reciproca, di correzione fraterna, di solidarietà, di crescita nella fedeltà e nella saggezza. È possibile che molti cristiani, di fronte alle dolorose divisioni e ai peccati che sta attraversando il corpo ecclesiale, si scoraggino e cerchino al di fuori della comunità le vie di realizzazione del loro impegno per il prossimo. In questo modo, però, si privano forse della ricchezza che possono trovare solo nella comunità dei credenti. Non tutti pensiamo allo stesso modo, e a volte le differenze sembra-

no inconciliabili. Non tutti agiamo come dovremmo, e non tutti mettiamo pienamente in pratica la parola che ci permea. Ma ciò non dovrebbe essere un ostacolo a continuare a pregare, a dialogare, a lavorare affinché questa parola si incarni e sia un faro per tutti. Forse la prima scommessa, la prima ricerca, consiste nel dare vita a una comunità ecclesiale molto più rispettosa dell'altro, meno prevenuta e più matura nella fede, nell'amore e nel servizio.

b) Sperimentare nuove forme di dialogo nella società pluralista

In secondo luogo, creare un senso di libertà responsabile nell'amore nel rapporto fra i diversi gruppi che compongono la nostra società. Un compito particolarmente importante per noi, dal momento che i cambiamenti sociali e culturali che stanno avvenendo nel nostro paese, come è già accaduto in altre parti del mondo, ci mettono di fronte alla necessità di trovare nuove forme di dialogo e convivenza in una società pluralista, mediante le quali si arrivi ad accettare e rispettare le differenze e a potenziare gli spazi e i luoghi di incontro e comunione. Quanti cristiani lavorano gomito a gomito con fratelli di altre confessioni o gruppi religiosi, o di movimenti politici e sociali, a sostegno e al servizio dei più bisognosi! Forse in questi luoghi si sta già sviluppando un nuovo modo di rapportarci, che contribuisca a ricostruire il legame sociale tra noi argentini e ad ampliare la nostra coscienza di solidarietà al di là di ogni frontiera religiosa, ideologica e politica.

c) Rivitalizzare la dimensione specificamente teologale
  della nostra motivazione

In terzo luogo, vorrei accennare brevemente alla dimensione più alta della maturità, che è la santità. Se tutte queste riflessioni non spingono noi cristiani a riconsiderare sempre e di nuovo la motivazione ultima della nostra esistenza, si saranno fermate a metà del cammino. Per il cristiano, l'esercizio della libertà nel tempo si compie secondo il modello eucaristico: proclamazione della salvezza realizzata «oggi» in Cristo e in ciascuno per mezzo della fede (con parole e azioni), che «dà compimento» al passato della storia della salvezza e «anticipa» il futuro definitivo. La speranza nel suo significato teologico più pieno diventa così la chiave dell'esperienza cristiana del tempo, incentrata sull'adesione alla persona del Risorto.

A questo proposito è opportuno tenere ben presente quel che ci dice il Santo Padre in *Mane nobiscum Domine*: «[L'Eucaristia] infatti è un modo di essere, che da Gesù passa nel cristiano e, attraverso la sua testimonianza, mira a irradiarsi nella società e nella cultura. Perché ciò avvenga, è necessario che ogni fedele assimili, nella meditazione personale e comunitaria, i valori che l'Eucaristia esprime, le condotte che essa ispira, i propositi di vita che suscita. Perché non vedere in questo la *speciale consegna* che potrebbe scaturire dall'*Anno dell'Eucaristia*?».*

E tutto ciò, in seno alla comunità che condivide la fede radicata nell'amore. Perché il superamento della contraddizione tra l'individuo e la società non si esaurisce, dal nostro punto di vista, in una mera ricerca di consensi, ma deve risalire fino alla fonte di ogni verità. Approfondire il dialogo per accedere in modo più pieno alla verità, approfondendo le nostre verità in un dialogo che non siamo noi a incominciare, bensì Dio, e che ha i suoi tempi e una sua pedagogia. Un dialogo che è un «cammino comune verso la verità».

d) Fissare mete concrete nell'educazione alla maturità

Per concludere, giunti ormai al compito specifico dell'educatore, dobbiamo cercare di mettere al centro di tutte le nostre attività la formazione integrale della persona, cioè il nostro contributo alla piena maturazione di uomini e donne liberi e responsabili. In questo senso, dovremmo essere in grado di fissarci mete concrete e valutabili, per non restare prigionieri di una retorica narcisistica. Se permettete, non vorrei chiudere questo messaggio senza suggerirvi

---

* Giovanni Paolo II, Lettera apostolica del Sommo Pontefice all'episcopato, al clero e ai fedeli per l'Anno dell'Eucaristia, n. 25.

alcune questioni scaturite dalla riflessione precedente, che potrebbero tramutarsi alcune in pratiche, altre in obiettivi, altre addirittura in contenuti trasversali. Sono sei proposte:

1) *Ridestare la memoria per fare «esperienza dell'esperienza».* L'assenza di memoria storica è un grave difetto della nostra società. Inoltre, è un tratto distintivo della cultura chiamata da alcuni «postmoderna», la cultura giovanile dell'«è già accaduto». Ogni riferimento alla storia è visto come una questione meramente accademica, nel significato più sterile della parola «storia». Ritengo sia fondamentale destare nei nostri ragazzi la capacità di riallacciarsi alle motivazioni, alle scelte e alle azioni di chi è venuto prima di noi, per scoprire l'innegabile rapporto che hanno con il presente. Conoscere i fatti del passato ed essere in grado di prendere posizione di fronte a essi è l'unica possibilità di costruire un futuro che abbia un senso. E ciò non deve limitarsi a essere il contenuto di una materia specifica, ma deve permeare l'intera vita scolastica, in varie attività e spazi distinti. In questo senso è imprescindibile il contatto con i «classici» della letteratura, luoghi d'incontro della dimensione metastorica della vita sociale dei popoli.

2) *Aiutare a vivere il presente come un dono.* Se Dio ci viene incontro nella storia concreta, il presente è il luogo in cui accogliamo il suo dono e diamo la nostra risposta. Ciò implica superare lo scetticismo che domina oggi nella nostra cultura, e anche una certa megalomania tipicamente argentina. Vivere il presente come dono significa riceverlo con umiltà e metterlo a frutto. Nel messaggio che vi ho rivolto due anni fa ho approfondito questo tema della dialettica tra continuità e novità nella creazione storica. Vi esorto a riprenderlo e a trovare i modi per appassionare i nostri giovani all'enorme potenziale di trasformazione che hanno nelle mani, ma non con sermoni e discorsi solenni, bensì invitandoli a sperimentare esperienze e situazioni concrete che permettano loro di scoprire da soli le proprie capacità.

3) *Promuovere la capacità di giudizio critico per uscire dalla «dittatura dell'opinione»*. Non stanchiamoci di chiederci se non stiamo forse trasmettendo semplici informazioni, invece di educare alla libertà, che richiede la capacità di comprendere e anche criticare situazioni e approcci. Dal momento che viviamo sempre più in una «società dell'informazione» che ci satura di dati in modo indiscriminato, mettendo tutto allo stesso livello, la scuola dovrebbe preservare il proprio ruolo di «insegnare a pensare», e a pensare criticamente. Per fare questo, noi educatori dobbiamo essere capaci di mostrare le ragioni che sottendono alle diverse possibilità di lettura della realtà, e di promuovere la pratica di ascoltare tutte le voci prima di esprimere giudizi. Dovremo inoltre contribuire a stabilire criteri di valutazione e, ultimo passo non sempre tenuto in considerazione, sottolineare che ogni giudizio deve lasciare spazio a ulteriori interrogativi, evitando il rischio che si assolutizzi e perda ben presto vigore.

4) *Accettare e integrare la propria realtà corporea.* Particolarmente urgente è un sostegno nell'accettazione e integrazione della corporeità. La cultura odierna, paradossalmente, mette il corpo al centro del suo discorso e al contempo lo assoggetta a ogni genere di costrizione e pretesa. Un'antropologia più attenta alle nuove condizioni della soggettività non può tralasciare un lavoro concreto su questo punto, in tutti gli ambiti in cui si fa problematico (la salute, l'immagine e l'identità, la sessualità, lo sport, il benessere e il tempo libero, il lavoro), tenendo sempre come obiettivo una liberazione completa in direzione dell'amore per se stessi, per il prossimo e per Dio.

5) *Approfondire i valori sociali.* Sappiamo che i nostri giovani hanno un'enorme capacità di sentire la sofferenza altrui e di dedicarsi «anima e corpo» a iniziative solidali. Questa sensibilità sociale, molte volte solo emotiva, deve essere educata a una solidarietà «di fondo», che sia capace di elaborare nella riflessione il rapporto fra situazioni manifestamente dolorose e ingiuste e i discorsi e le pratiche che le causano o le riproducono. È in un continuo «andirivieni» tra espe-

rienze di autentico incontro umano e la loro illuminazione a partire dal Vangelo che dobbiamo ricostruire i valori di solidarietà e il significato della collettività che l'individualismo consumistico e competitivo degli ultimi tempi ha minato nel nostro popolo. Senza dubbio ciò esigerà un approfondimento e un rinnovamento della «dottrina sociale» nel nostro concreto contesto.

6) *Insistere nella predicazione del kerigma.* Tutto quanto detto finora sarà lettera morta, se non accompagneremo i nostri giovani in un cammino di conversione alla persona e al messaggio di Gesù, come motivazione ultima che sostenga e orienti tutti gli altri aspetti. Questo ci richiederà, oltre a coerenza personale – non vi è predicazione possibile senza testimonianza –, una ricerca aperta e sincera delle forme che l'esperienza religiosa può assumere in questo nuovo secolo. La conversione, cari fratelli, non è qualcosa che avviene una volta per tutte. Segno di un'autentica vita cristiana è la disposizione a adorare Dio «in Spirito e verità», ovunque cioè soffi questo Spirito.

Argentina, svegliati...
Arriviamo così al termine della nostra riflessione.
Ci troviamo in un momento storico di dolore e speranza. Sentiamo che non possiamo far finta di niente davanti all'opportunità offertaci dalla Provvidenza di contribuire con i nostri mattoni alla costruzione di un mondo diverso.

Con dolore abbiamo condiviso la constatazione della sofferenza e dell'abbandono in cui si trovano molti dei nostri ragazzi, rivelatisi tragicamente in alcuni fatti dello scorso anno, e abbiamo riconosciuto la necessità di dare una risposta a questa situazione, di farcene carico in qualche modo, a partire dalla nostra povertà ma anche dalla nostra speranza.

E in questo contesto abbiamo riflettuto sulle condizioni di maturità personale e collettiva che un simile impegno richiede.

Maturità che implica una capacità di vivere il tempo come memoria, come visione e come attesa, superando la cultura dell'immediato per essere in grado di articolare il meglio della nostra memoria e delle nostre aspirazioni in un'azione meditata ed efficace.

Maturità che si concretizza in una libertà che non si assoggetta a nessuna particolarizzazione escludente, che fa orecchie da mercante alle mezze verità e agli orizzonti artificiali, che non si adatta in modo acritico alla realtà vigente, né critica soltanto per mettere in risalto la propria individualità, bensì mira alla ricerca di un amore universale e fattivo che dia fondamento e significato a quella libertà pienamente responsabile.

E che si apre, in ultima istanza, a una rinnovata esistenza di fede ecclesiale e davanti alla società nel suo complesso, ben radicata in un'esperienza teologale ed eucaristica.

Su queste basi, vi ho proposto sei obiettivi per il lavoro con i ragazzi: ridestare la memoria; aiutare a vivere il presente come dono; sviluppare la capacità di giudizio critico; promuovere l'accettazione e l'integrazione della propria realtà corporea; approfondire i valori sociali e insistere nella predicazione del kerigma.

Se la realtà che oggi ci presenta le sue sfide trova in noi uno spirito generoso e coraggioso, questo momento sarà stato anche un dono di crescita per noi. La maturità personale e collettiva delle nostre comunità educative sarà trascesa, attraverso la grazia di Dio, verso un'esperienza di incontro con Lui in una vita di santità, come risposta a un dono che ci precede e ci coinvolge, segno e anticipazione nella storia della pienezza che attendiamo.

Prendo congedo da voi facendo mie le parole dell'Apostolo: «Perciò, fratelli miei carissimi, rimanete saldi e irremovibili, progredendo sempre più nell'opera del Signore, sapendo che la vostra fatica non è vana nel Signore» (*1Cor* 15,58). E vi chiedo di pregare per me.

6 aprile 2005

Costruire vincoli sociali di speranza

A partire dall'appello del Santo Padre per la celebrazione del Grande Giubileo, questo anno si è presentato carico di speranza per ogni cristiano. Nel 2000 non celebriamo un anniversario convenzionale, bensì la permanenza di Cristo tra noi. Facciamo memoria della sua grazia trasformatrice dell'umanità, e facciamo memoria anche della resistenza insita nella nostra natura. La prima, per ringraziare e lodare; la seconda, per riconoscere e chiedere perdono. Tutto questo noi lo chiamiamo conversione.

Come dice il Vangelo, «"Un grande profeta è sorto tra noi", e: "Dio ha visitato il suo popolo"» (*Lc* 7,16). Dobbiamo gioire perché Dio è con noi e tra noi e, nonostante la resistenza all'amore che è il peccato, ci offre la gioia di sentirci redenti, di sentirci chiamati ad amare di nuovo, come Egli ci ha insegnato. Siamo invitati a dare inizio a un tempo nuovo: è il ricominciare di Cristo che, anche se «conosce quel che c'è nel profondo dell'uomo», continua a confidare nel dono della libertà, nella scintilla di amore che lo Spirito infonde nei nostri cuori.

Sono certo che l'anelito di tutti gli argentini è poter arrivare a questo nuovo anniversario di maggio* con la stessa speranza giubilare che oggi anima milioni di persone nel

---

* Il 25 maggio si celebra l'anniversario dell'indipendenza dell'Argentina (1810).

mondo. Giubilo di Cristo incarnato nella fede e nel dolore del nostro popolo, speranza di rivivere quei tempi eroici che, al di là degli errori e degli interessi contrapposti, hanno saputo coniugarsi per dare inizio all'avventura di una nuova nazione. La speranza penetra nell'anima e la pacifica, perché gli uomini, aprendo – con generosità – il proprio cuore, fiduciosi nella promessa fatta, nella parola data, si liberano delle diffidenze e dei pessimismi del loro giudizio immediato, e perfino del peso di alcune certezze. Colui che vive di ciò in cui spera mostra la dignità di essere a immagine e somiglianza del Padre. La sua gioia è gratuita, non dipende dal successo né dai risultati più immediati.

Poste così le fondamenta della profonda gioia che persiste come pace, il giubilo è ciò che – in definitiva – costruisce i vincoli al di là delle differenze e dei condizionamenti. Noi argentini vogliamo rinascere nella promessa dei nostri padri che fondarono la patria, e per questo abbiamo un bisogno imperioso che dalla speranza sbocci la gioia, perché da essa sorgeranno i vincoli che abbatteranno paure e insicurezze, distanze che oggi sembrano incolmabili. Speranza per la gioia, gioia per i vincoli.

In questi stessi giorni, un anno fa, ho evidenziato la necessità di rifondare il vincolo sociale tra gli argentini, un vincolo che dia speranza. Un legame che riduca il doloroso divario tra chi ha di più e chi ha di meno. Che avvicini i giovani che non trovano un loro progetto sociale. Un vincolo che ravvivi in noi l'amore per un'infanzia spesso tenuta in poco conto e svilita. Che ci metta in apprensione per ogni persona che perde il lavoro. Che ci renda solidali e ci spinga all'integrazione degli immigrati privi di mezzi e pieni di buona volontà che arrivano e che continueranno ad arrivare nel nostro paese. Un vincolo che ci renda particolarmente attenti agli anziani, che hanno speso la loro esistenza per noi e che oggi meritano di festeggiare e di recuperare il loro ruolo di saggi e maestri che ci trasmettono speranza.

Rifondare con la speranza i nostri legami sociali! Questo non è un freddo postulato moralista e razionalista. Non si tratta dell'ennesima utopia irrealizzabile, né tantomeno di un pragmatismo cinico e predatore. È invece l'urgente necessità di convivere per costruire insieme il bene comune possibile, quello cioè di una comunità che rinuncia a interessi particolari per poter condividere in modo giusto i suoi beni, i suoi interessi, la sua vita sociale nella pace. Non si tratta nemmeno semplicemente di una gestione amministrativa o tecnica delle cose, di un progetto; è invece una convinzione costante che si esprime in gesti, nella vicinanza tra le persone, in un marchio distintivo in cui trovi voce questa volontà di cambiare il nostro modo di vincolarci, costruendo nella speranza una nuova cultura dell'incontro, della prossimità; dove il privilegio non sia più un potere inoppugnabile e irriducibile, dove lo sfruttamento e l'abuso non siano più un modo abituale di sopravvivere. Con questa indicazione a promuovere l'avvicinamento, una cultura di speranza che crei nuovi vincoli, vi invito a fare proseliti, a rasserenare e a convincere gli animi.

Abbiamo già visto nel Vangelo come nostro Signore Gesù Cristo fondi il vincolo di speranza di un nuovo popolo. L'immagine di Gesù che resuscita il figlio della vedova è un'immagine forte – che ha la forza del dramma, non della tragedia – e contiene morte e vita resuscitata. Il dolore non viene mascherato, né la speranza attenuata. La chiave sta in questo Gesù che si commuove, che si avvicina, che tocca il dolore e la morte e li converte in nuova vita. Non ha permesso che il lutto per la morte di quel giovane annientasse la speranza. «Non piangere» ha detto alla madre, e ha toccato il dolore. A volte mi chiedo se non stiamo avanzando, in certe circostanze della vita della nostra società, come un triste corteo, e se non ci ostiniamo a voler mettere una lapide sopra la nostra ricerca, come se camminassimo verso un destino inesorabile, costellato di impossibilità; e ci accontentiamo di piccole illusioni prive di speranza.

Dobbiamo riconoscere, con umiltà, che il sistema è caduto in un vasto cono d'ombra, l'ombra della diffidenza, e che alcune promesse e dichiarazioni sembrano da corteo funebre: tutti consolano i parenti, ma nessuno rialza il defunto. «Alzati!» è l'appello di Cristo nel suo Giubileo. «Alzati,

Argentina!», come ci ha detto il Santo Padre nella sua ultima visita, come hanno sognato e realizzato i padri della nostra patria. Ma finché non ammetteremo la doppiezza delle nostre intenzioni, non ci sarà fiducia né pace. Finché la nostra conversione non diventerà effettiva, non avremo né gioia né allegria. Perché l'ambizione smisurata, sia essa di potere, di denaro o di popolarità, esprime soltanto un grande vuoto interiore. Chi è vuoto dentro non trasmette pace, gioia e speranza, bensì sospetto. Non crea vincoli.

Tocca, Signore, la nostra Argentina ancora giovane, non ripiegata su se stessa ma aperta ai suoi vicini! Mostraci il tuo gesto d'amore, che ci faccia dimenticare la paura! E noi, troviamo il coraggio di toccare: toccare gli emarginati del sistema, vedendo in essi uomini e donne che sono molto più che potenziali elettori. Diamo potere e appoggio, nell'ambito delle istituzioni repubblicane, a quelle organizzazioni comunitarie che stringono le mani e fanno partecipare, che privilegiano l'intimità, la fraternità, la lealtà ai principi e agli obiettivi come una nuova «produttività». Così i giovani recupereranno orizzonti concreti, scopriranno futuri possibili, lasciando da parte frasi vuote che sprofondano nella loro stessa vacuità.

Per fare questo bisogna toccare il sofferente, toccare colui che tutti credono morto. Bisogna incoraggiarlo: «Giovane, te lo ordino, alzati». Per fare questo bisogna, come Cristo, osare rinunciare al potere che accaparra e acceca, ed essere pronti a esercitare l'autorità che si pone al servizio degli altri e li accompagna. Il potere finanziario e tecnico è nelle mani di pochi; pochi altri esercitano il potere dello Stato, ma soltanto una comunità attiva, che diventa solidale e lavora unendo le forze può, nella sua diversità creativa, spingere avanti la barca del bene comune, essere la custode della legge e della convivenza.

Come Cristo Redentore, che non si prese per sé la gloria del giovane risuscitato, ma lo rimandò dai suoi, da sua madre, anche noi che deteniamo una qualche autorità dobbiamo metterci al servizio della comunità. Lasciamo il protagonismo alla comunità, diamo appoggio e sostegno a quanti si prodigano in suo favore. Cadranno così le barriere della non comunicazione che, paradossalmente, esiste nel nostro mondo iperconnesso. In questo modo si avvicina la cosa pubblica ai suoi veri protagonisti, che non sono più disposti a ipotecare il loro destino mettendolo nelle mani di rappresentanti sconosciuti.

Siamo convinti che queste iniziative comunitarie siano i segni, che ci riempiono di speranza, di una gioia partecipativa. Lì si prepara una vera e propria rivoluzione interiore e – al contempo – una trasformazione sociale che sfugge alle «macromanipolazioni» dei sistemi e delle strutture estranee all'essenza autentica del popolo. Queste iniziative offrono un'ineguagliabile via d'uscita di fronte al suicidio sociale indotto da ogni filosofia e tecnica che espelle la manodopera, sminuisce la tenerezza dell'affetto familiare, mercanteggia sui valori propri della dignità dell'uomo. Ci vuole solo l'audace e incoraggiante volontà di cedere il terreno, di rinunciare al futile protagonismo; la volontà di «abbandonare le lotte intestine che logorano, la sete insaziabile di potere.

Possiamo – sì, ne siamo capaci, non dobbiamo dubitarne – restituire una giovane Argentina ai nostri padri, ai nostri anziani: a quegli uomini e quelle donne che oggi, così spesso, giungono al tramonto della vita e non possono avere «giubilo»,* perché sono stati defraudati e sono sull'orlo dello scetticismo. Abbiamo un debito con loro, non solo di giustizia ma anche di sopravvivenza per i nostri giovani, perché gli anziani sono le braci nascoste della memoria. Cerchiamo di restituire loro un'Argentina colma di speranza, come il giovane restituito a sua madre, perché incoraggino con il loro sorriso di speranza la vita dei giovani oggi intristiti. E allora vedremo che colui che credevamo morto si alzerà, come leggiamo nel Vangelo, e comincerà a parlare. Allora capiremo che «la speranza ... non delude» (*Rm* 5,5).

25 maggio 2000

---

* Gioco di parole tra *júbilo*, «gioia», e *jubilarse*, «andare in pensione».

L'etica del servizio come bene comune

Certamente non è una cosa nuova né incomincia nella nostra epoca questo impulso primario di fronte a chi detiene il potere: ottenere qualche favore. Abbiamo appena ascoltato dal Vangelo (*Mt* 20,20-28) che la madre di Giovanni e di Giacomo chiese a Gesù di ricordarsi dei suoi figli. A risultare nuova è invece la risposta di Gesù: «"Voi non sapete quello che chiedete. Potete bere il calice che io bevo?"». Di quale calice si tratta? Il Signore parla del calice del servizio, e di dare la vita al punto da versare il proprio sangue per chi si ama. E una novità ancora più grande è il mutamento di condotta che il Signore riuscì a operare negli apostoli, i quali davvero cambiarono non il loro anelito di grandezza bensì il cammino per raggiungerla, passando dalla velleità dei piccoli aggiustamenti al grande desiderio del vero potere: il poter servire per amore. In questo giorno della patria voglio soffermarmi sull'insegnamento del Signore: «Ma chi vuole diventare grande tra voi, sarà vostro servitore e chi vuole essere il primo tra voi, sarà vostro schiavo. Come il Figlio dell'uomo, che non è venuto per farsi servire, ma per servire» (*Mt* 20,26-28).

Servizio: parola venerata e al contempo mistificata; parola che esprime una delle ricchezze più originali del cammino percorso dall'umanità in Gesù Cristo, che non è venuto per essere servito ma per servire, che si è abbassato a lavarci i piedi. Il servizio è chinarsi davanti al bisogno dell'al-

L'etica del servizio come bene comune 37

tro, che – nel chinarmi – scopro, nel suo bisogno, come mio fratello. È il rifiuto dell'indifferenza e dell'egoismo utilitaristico. È un fare per gli altri e in vista degli altri. Servizio: parola che suscita l'anelito verso un nuovo vincolo sociale, lasciando che il Signore ci serva affinché poi, attraverso le nostre mani, il suo amore divino discenda e edifichi una nuova umanità, un nuovo modo di vivere. Servizio: parola marchiata a fuoco nel profondo del cuore del nostro popolo. Da questa riserva spirituale ereditata dai nostri avi scaturiscono la nostra dignità, la nostra capacità di lavorare duramente e in modo solidale, la nostra serenità piena di pazienza e di speranza. Dal servizio inteso come valore centrale sorgono, se siamo capaci di ravvivare le braci del nostro cuore comune (perché i popoli hanno un cuore comune), quelle grandi attitudini che danno coesione alla nostra società. Mi chiedo se noi oggi comprendiamo, meglio di quei primi discepoli, che ci è stata data una magnifica opportunità, un dono che solo Dio può fare: quello di darci e di donarci interamente.

Il servizio non è un semplice impegno morale, né volontariato da tempo libero, né un postulato utopistico. Dal momento che la nostra vita è un dono, servire significa essere fedeli a ciò che siamo: è l'intima capacità di dare ciò che si è, di amare fino all'estremo dei propri limiti... o, come ci ha insegnato Madre Teresa con il suo esempio, servire è «amare fino a che faccia male». Le parole del Vangelo non si rivolgono solo al credente o al praticante. Raggiungono ogni autorità, sia ecclesiale sia politica, giacché svelano il significato autentico del potere. Si tratta di una rivoluzione basata sul nuovo vincolo sociale del servizio. Il potere è servizio. Il potere ha senso soltanto se è al servizio del bene comune. Per il godimento egoistico della vita non è necessario avere molto potere. In questa luce si capisce che una società autenticamente umana, e pertanto anche politica, non può essere tale sulla base di un minimalismo il cui motto è «convivere per sopravvivere», e nemmeno a partire da un mero «consenso di interessi diversi» a fini economicistici. Benché tutto sia già contemplato e abbia il suo posto nella sempre ambigua realtà degli uomini, la società sarà autentica solo a partire dalla sua componente più elevata, dalla sua parte migliore, dalla dedizione disinteressata degli uni per gli altri. Quando intraprendiamo il cammino del servizio, rinasce in noi la fiducia, si accende il desiderio di eroismo, scopriamo la nostra grandezza.

Tenendo conto di questa realtà, è ovvio che chiudere gli occhi di fronte agli intrighi di potere, ostinarsi a negare i bisogni esistenti, non affrontare le contraddizioni, accentuare le rivalità intestine, non fa che prolungare un'agonia di mediocrità. E anche ammettendo le difficoltà che ci vengono imposte dall'esterno, indipendentemente dalla nostra volontà, saremo sempre noi i responsabili ultimi del nostro assoggettamento e della nostra emarginazione. Mentre alcuni vogliono trarre vantaggi personali accentuando le divisioni e sviando l'attenzione dalle grandi sfide, ancora una volta dalle riserve più profonde del nostro popolo sorge la valorizzazione intuitiva dell'appello del Vangelo che abbiamo ascoltato oggi: bere dal calice del servizio! Il nostro popolo lo fa ogni giorno, nel servizio di milioni di persone che si dedicano silenziosamente al lavoro o alla sua ricerca, e non alla speculazione; nel servizio di quanti difendono la convivenza e la solidarietà silenziosa, e non gli assurdi fantasmi xenofobi di minoranze ideologiche dedite a esacerbare i conflitti; nel servizio di chi – soffrendo sulla propria pelle la globalizzazione della povertà – trova comunque un'uguaglianza nella solidarietà di organizzazioni comunitarie e di manifestazioni culturali, spontanee e creative.

Tutte queste persone, uomini e donne del nostro popolo, che rifiutano lo sconforto e si ribellano contro quelle mediocrità, intendono dire no alla mancanza di regole, no all'assurdità e alla superficialità proditoria (quando non ingannevole) che alimenta il consumismo. No, infine, a quelli che hanno bisogno di un popolo pessimista e oppresso da cattive notizie per trarre vantaggio dalla sua sofferenza.

Nella disposizione al servizio, sconvolti dalla miseria e dalla vulnerabilità, lacerati dalla violenza e dalle droghe, bombardati dalla pressione a cercare evasioni di ogni genere e forma, vogliamo rinascere a partire dalle nostre stesse contraddizioni. Accettiamo il calice doloroso e recuperiamo le nostre migliori riserve come popolo, senza grandi clamori e pubblicità. In ogni sforzo solidale, individuale e comunitario, di un'estesa rete di organizzazioni sociali, in ogni scienziato e studioso che scommette sulla ricerca della verità (anche quando altri relativizzano o tacciono), in ogni insegnante e maestro che tiene testa alle difficoltà, in ogni imprenditore che non smette di puntare sul lavoro, in ogni giovane che studia, lavora e si impegna a formare una nuova famiglia. Nei più poveri e in tutti quelli che lavorano o cercano faticosamente lavoro, perché non si abbandonino all'emarginazione distruttiva né alla tentazione della violenza organizzata ma anzi, silenziosamente e con la devozione che solo la fede concede, continuino ad amare la loro terra. Hanno assaggiato un calice che, nella dedizione e nel servizio, è diventato per loro balsamo e speranza. In essi si manifesta la grande riserva culturale e morale del nostro popolo. Sono quelli che ascoltano la parola, quelli che si risparmiano gli applausi di rito, quelli che davvero si fanno eco e capiscono che non si parla per altri.

In questo giorno della patria vorrei che ci ponessimo la domanda: siamo disposti a bere dal «calice» dei «cristi silenziosi» del nostro popolo? A bere dalla coppa delle pene e delle sofferenze dei nostri limiti e miserie come nazione, ma anche – nel contempo – a riconoscere in quella stessa coppa il vino gioioso del con-formarci al modo di essere del popolo a cui apparteniamo? A trovare il coraggio di servire senza finzione né mediocrità, per sentirci degni e soddisfatti di ciò che siamo?

Siamo invitati a bere dal calice del lavoro duro e solidale che fin dall'inizio ha conosciuto l'uomo della nostra terra. Lavoro che ha mescolato, nonostante molte incomprensioni, indigeni e spagnoli. Lavoro che è costato sangue per l'indipendenza, che ha forgiato l'ammirazione del mondo per l'abnegazione dei nostri educatori, ricercatori e scienziati. Lavoro che ha risvegliato la coscienza sociale di milioni di reietti, come avamposto nel continente latinoamericano, e che anche le nostre arti e le nostre lettere hanno dimostrato e dimostrano, quando cantano la nostra gioia, a tratti timida, di essere argentini. Il calice del lavoro solidale nel servizio è la risposta più genuina all'incertezza di un paese pieno di potenzialità che non si realizzano o vengono di continuo rimandate, indefinitamente, arrestandone il cammino di grandezza. È la risposta all'incertezza di un paese danneggiato dai privilegi, da coloro che usano il potere a proprio vantaggio facendosi scudo della legittimità rappresentativa, da coloro che, rinchiusi nelle loro bolle di abbondanza, esigono sacrifici incalcolabili mentre sfuggono le proprie responsabilità sociali e riciclano le ricchezze prodotte dallo sforzo di tutti; da chi dice di ascoltare e non ascolta, da chi applaude meccanicamente senza farsi egli stesso eco, da chi crede che si parli a qualcun altro. Le regole del gioco della realtà globale di questi tempi sono un calice amaro, ma ciò deve raddoppiare la dedizione e lo sforzo morale di una dirigenza che non ha il diritto di esigere di più da chi sta in basso, se il sacrificio non arriva dall'alto: «Chi vuole diventare grande tra voi sarà vostro servitore». «Servire» deve imporsi sul «servirsi di».

Oggi è altrettanto fondamentale, non meno del lavoro solidale come servizio, ricavare dai tizzoni dell'amarezza la calda brace di una serenità piena di speranza. E davvero dal profondo delle nostre riserve, nelle esperienze concrete di fede comunitaria della nostra storia e senza dimenticare le nostre miserie, devono tornarci alla memoria tante forme culturali di religiosità e arte, di organizzazioni comunitarie e di successi individuali o collettivi. Perché nel recupero delle nostre riserve, del nostro essere positivi che abbiamo ereditato, sta la leva per il futuro.

Come non possiamo promettere amore per il futuro senza averlo ricevuto, così non possiamo nemmeno avere fiducia nell'essere argentini se non recuperiamo i beni del passato. Senza sterili risentimenti, senza revisionismi semplicistici, senza metterci a esaminare piccolezze perdendo di vista le grandezze che contribuiscono a costruire i valori di riferimento di cui ogni società ha bisogno. Non dimentichiamo che quando una società si compiace di schernire la propria intimità e permette che le sue capacità creative vengano banalizzate, si opacizza, e la possibilità di essere liberi viene sprecata in una superficialità che soffoca. E quando simili atteggiamenti vengono proposti a una comunità i cui bisogni fondamentali sono seriamente minacciati, ecco che allora sorgono le logiche reazioni di violenza, tossicodipendenza ed emarginazione culturale e sociale.

Recuperare la nostra memoria significa invece scoprire i germogli di un'anima che resiste all'oppressione. In alcune manifestazioni artistiche del nostro popolo si annidano il sentimento e l'umanizzazione; assistiamo a un ritorno alla fede e alla ricerca spirituale, di fronte al fallimento del materialismo, dello scientismo e delle ideologie; le organizzazioni spontanee della comunità sono forme concrete di socializzazione e di ricerca del bene comune. Queste proposte popolari, che emergono dalle nostre riserve culturali, trascendono ogni settarismo, partitismo e interesse meschino. Anche ora, come nell'Argentina di ieri e di sempre, si intravedono obiettivi comuni che fanno solidarizzare indigeni e spagnoli, meticci e immigrati, e tutte le confessioni, nella ricerca del bene comune.

Tutto questo lo chiamiamo serenità, perché costruisce con il bene solidale e la gioia creativa, che dà speranza; perché guarda al di là degli interessi e dei risultati; è il virgulto dell'amore come vincolo sociale privilegiato, che si gusta in quanto tale. Questa serenità ci allontana dalla violenza istituzionalizzata ed è l'antidoto contro la violenza caotica o fomentata. E sarà questa stessa serenità a spingerci a difendere unanimi i nostri diritti, soprattutto i più urgenti: il diritto alla vita, il diritto a ricevere istruzione e cure mediche (che nessuna politica può differire) e l'irrinunciabile responsabilità di sostenere gli anziani, di contribuire a favorire la famiglia (senza la quale non c'è umanizzazione né legge) e i bambini, oggi tristemente sviliti e reietti.

In questo giorno della patria il Signore ci invita ad abbandonare ogni servilismo per entrare nel territorio del servizio, questo spazio che si estende fin dove arriva la nostra preoccupazione per il bene comune, e che è la vera patria. Al di fuori di tale spazio non c'è patria, ma una terra devastata da lotte di interessi senza volto.

In questo giorno della patria il Signore ci incoraggia a non avere timore di bere dal calice del servizio. Se il servizio ci rende uguali, facendo piazza pulita di false superiorità, se il servizio rimpicciolisce le distanze egoistiche e ci avvicina – ci rende prossimi –, non dobbiamo avere timore: il servizio ci nobilita, restituendoci quella dignità che esige il suo luogo, il suo valore e i suoi bisogni.

In questo giorno della patria il nostro popolo ci reclama e ci chiede di non stancarci di servire, perché solo così questo nuovo vincolo sociale a cui aneliamo diventerà realtà. Abbiamo già sperimentato a sazietà come la nostra convivenza venga logorata dall'abuso oppressore di un settore sull'altro, dalle piccole questioni interne che voltano le spalle ai grandi problemi, da lealtà ambigue, da conflitti settari o ideologici più o meno violenti. Questa dialettica dello scontro aperto conduce alla disgregazione della nazione, annulla l'incontro e la prossimità. Il servizio ci invita a convergere, a maturare, a creare – in definitiva – una nuova dinamica sociale: quella della comunione nelle differenze, il cui frutto è la serenità nella giustizia e nella pace. Comunione plurale di tutti i talenti e di tutti gli sforzi, a prescindere dalla loro origine. Comunione di tutte le persone che hanno il coraggio di guardare gli altri nella loro dignità più profonda.

Questa è la proposta evangelica che presentiamo oggi, nel giorno in cui commemoriamo la data che è viva memoria delle nostre più profonde riserve morali come popolo; proposta che sarà, se la accogliamo, il migliore omaggio ai padri della nostra patria e a noi stessi.

25 maggio 2001

Abbassarsi per salire in alto

Voglio salutare tutti voi con queste parole di san Paolo, che sono la cosa migliore che possiamo augurarci in quanto cristiani: che ciascuno di voi, che tutti «abbiate gli uni per gli altri gli stessi sentimenti che ebbe Gesù Cristo»! Tutti i sentimenti di Gesù ruotano intorno a un unico sentimento, fondamentale: «Non c'è amore più grande che dare la vita per i propri amici». «Voi siete miei amici» ci dice Gesù. E non ho altro desiderio che dare la vita per ognuno di voi. Possiate sentire la stessa cosa: che ognuno lo senta per me e anche per i suoi amici, i suoi figli, i suoi genitori, la sua famiglia. Possiamo tutti noi, come popolo, ricevere questa grazia: sentire il desiderio di dare la vita per i fratelli con cui conviviamo nella nostra amata nazione argentina.

Il motto di quest'anno recita: «Insieme a san Gaetano, reclamiamo il pane che nutre e il lavoro che nobilita».* Reclamare il pane che nutre è un modo di voler dare la vita: rivendichiamo il pane perché per dare la vita bisogna avere del pane da condividere. Anche Gesù, prima di dare la vita sulla croce, ha voluto riunirsi intorno al tavolo con i suoi amici, ha voluto tenere un pane tra le mani per spezzarlo e

---

* Il 7 agosto, in occasione della festa di San Gaetano da Thiene, noto in Argentina come san Cayetano, patrono del pane e del lavoro, si svolge una processione che sfila davanti alla statua del santo per baciarne la teca.

distribuirlo, per spezzarsi e distribuirsi. Reclamare il lavoro che nobilita è un modo di voler dare la vita: rivendichiamo il lavoro perché è la maniera degna di spendersi per gli altri con creatività. Non si può dare la vita senza condividere il pane e senza lavorare. Ma nemmeno è vera vita quella che non si dà quotidianamente. Per questo il nostro popolo non se ne sta seduto ad attendere tutto dalle rivendicazioni, ma il suo reclamare racchiude il condividere ogni giorno il poco di pane che ha e inventare mille modi solidali di lavorare per la comunità. Mentre esigiamo giustizia, veniamo qui a pregare il Signore della vita e a chiedergli il pane e il lavoro, per intercessione di san Gaetano.

«Abbiate gli uni per gli altri gli stessi sentimenti che ebbe Gesù Cristo.» Giova ricordare che Gesù, nel momento più brutto della sua vita, nella notte del tradimento e dell'abbandono, ebbe il sentimento più nobile. Gli stavano togliendo tutto e Lui si fece pane per il suo popolo. Trasformò la spoliazione in dono. «Nessuno me la toglie: io la do da me stesso» (*Gv* 10,18). Questo esempio silenzioso di Gesù, che si carica sulle spalle la croce e assume su di sé il peccato, perfino quello di chi lo sta uccidendo, racchiude un invito. E ci sono persone che accolgono questo invito, ci sono interi popoli che si risollevano dalle rovine e con silenziosa dignità si mettono all'opera e trasformano una situazione di prostrazione e violenza in un tempo di dono.

Popoli che si dedicano al lavoro, e se il salario non basta barattano con gioia i loro beni. Popoli che si dedicano alla solidarietà, e se il pane non basta lo dividono secondo i bisogni. Popoli che si dedicano alla preghiera e ripongono la loro speranza nel Dio della vita. Popoli che sono capaci di fare questa «coda» che è la fila di san Gaetano: una coda che percorre pacificamente alcune strade, non per ostruire il passaggio a nessuno ma per mostrare aperta l'unica vera porta – la porta stretta che apre una breccia all'intimità del Dio santo nella quale siamo tutti fratelli –, una «coda» che è un ponte, perché tende le mani verso Gesù Cristo, il vero ponte tra gli uomini di buona volontà e il Padre nostro nei cieli.

Questa manifestazione di fede, il nostro popolo devoto la compie da sempre. La rivendicazione del pane e del lavoro che ci permettono di dare la vita non è qualcosa di legato alla congiuntura economica o, semplicemente, ai tempi difficili. Perciò questa marcia, questa manifestazione, questa «fila» con cui da tanti anni il nostro popolo interrompe i suoi percorsi quotidiani e reclama, insieme a san Gaetano, insieme alla Vergine, l'attenzione del Signore e dei fratelli, deve contagiare tutte le marce, tutte le manifestazioni, tutte le file che si fanno nella nostra patria. È per trasmettere questa grazia che chiediamo al Padre di avere gli stessi sentimenti che ebbe Gesù.

Vogliamo recuperare i valori profondi che abbiamo ricevuto come popolo e, in questi momenti difficili, dare testimonianza di speranza, di solidarietà, di rivendicazione pacifica ma incessante, con fame e sete di giustizia. Come vi ho detto, anno dopo anno, in questa stessa messa: vogliamo recuperare quella speranza che racchiude il gesto umile di «mettersi in fila e camminare», di mettersi in fila come i chicchi della spiga del santo – ricordate? – per camminare senza pestare i piedi a nessuno, senza passare davanti a nessuno, senza scoraggiarsi.

Vogliamo recuperare il valore di aggregazione che ha il nostro venerato santuario, le cui porte aperte accolgono tutti senza escludere nessuno e che deve essere immagine delle nostre case e delle nostre istituzioni.

Vogliamo recuperare la forza del nostro popolo fedele, che è capace di «spendersi in prima persona» e di farsi carico della croce aiutando gli altri.

Vogliamo recuperare quella solidarietà, quello spirito da buon samaritano che possiede il nostro popolo fedele e che lo porta a non girare la faccia dall'altra parte davanti al dolore e davanti all'ingiustizia, questo desiderio di avvicinarsi, come Gesù, a tutti quelli che soffrono, per dare una mano.

Vogliamo recuperare la grazia di quella «beatitudine di Gesù per quelli che sono nel pianto» perché hanno fame e sete di giustizia, e ricevere dalle sue mani il conforto di cui abbiamo bisogno.

Per questo invochiamo uniti il Signore, insieme a san Gaetano, con la bella preghiera che è stata composta per la novena:

Abbiamo bisogno di vedere il tuo volto
Di custodire le parole della tua bocca
Di parlarti all'orecchio
Di lasciarci guardare dai tuoi occhi
E baciandoti, Cristo, trovare in te i tratti di tua madre,
Dei tuoi santi, del tuo popolo sofferente
Vogliamo vedere il tuo volto
Dio amico
Compagno di strada.

7 agosto 2002

Guardando con responsabilità ai bisogni degli altri

Il tempo pasquale è un appello a rinascere dall'alto. Contemporaneamente è una sfida a reimpostare profondamente, a dare un nuovo significato a tutta la nostra vita – come persone e come nazione – nella gioia di Cristo risorto, per permettere che germogli, nella fragilità stessa della nostra carne, la speranza di vivere come una vera comunità. Da questo mistero di gioia intima e condivisa sentiamo risorgere un sole di maggio che noi argentini, come sempre, vogliamo considerare come un ricordo che è scintilla di risurrezione. È l'appello pieno di speranza di Gesù Cristo affinché risorga la nostra vocazione di cittadini costruttori di un nuovo vincolo sociale. Un appello nuovo, che tuttavia è scritto da sempre come legge fondamentale nel nostro essere: che la società si avvii al perseguimento del bene comune e, a partire da questa finalità, ricostruisca continuamente il suo ordine politico e sociale.

La parabola del buon samaritano è un esempio illuminante, in grado di rendere evidente la scelta fondamentale che dobbiamo compiere per ricostruire questa patria che ci addolora. Di fronte a tanta sofferenza, di fronte a tante ferite, l'unica via d'uscita è essere come il buon samaritano. Ogni altra opzione finisce per condurre o dalla parte dei briganti o dalla parte di chi passa oltre, senza alcuna compassione per le sofferenze del ferito che giace sulla strada. Inoltre, «la patria non deve essere per noi», come diceva un nostro poeta, «se non un dolore che si porta nel petto». La parabola del buon samaritano ci mostra quali sono le iniziative per rifondare una comunità a partire da uomini e donne che sentono e operano come veri soci (nell'antico significato di concittadini). Uomini e donne che fanno propria e accompagnano la fragilità degli altri, che non permettono che si edifichi una società basata sull'esclusione, ma che anzi si avvicinano – si fanno «prossimi» – e risollevano e riabilitano chi è caduto, affinché il bene sia comune. Al contempo, la parabola ci mette in guardia su certi atteggiamenti autoreferenziali di chi guarda solo se stesso e non si fa carico delle esigenze ineludibili della realtà umana.

Fin dal principio dell'esistenza della Chiesa, e specialmente da parte dei Padri cappadoci, il buon samaritano venne identificato con lo stesso Cristo. Egli è colui che si fa nostro prossimo, che risolleva l'essere umano dai margini della vita e se lo mette sulle spalle, che si fa carico del suo dolore e abbandono e lo redime. Il racconto del buon samaritano, diciamolo chiaramente, non vuole sottintendere un insegnamento di ideali astratti, né è riducibile a un moralismo etico-sociale. È invece la parola viva del Dio che si abbassa e si avvicina fino a toccare la nostra fragilità più quotidiana. Tale parola ci rivela una caratteristica essenziale dell'uomo, tante volte dimenticata: che siamo stati fatti per la pienezza dell'essere; pertanto, non possiamo vivere indifferenti dinanzi al dolore, non possiamo permettere che qualcuno sia lasciato «in un angolo della vita», emarginato della sua dignità. Questo ci deve indignare. Ci deve scalzare dalla nostra serenità e «turbarci» a causa del dolore umano, quello del nostro prossimo, quello del nostro vicino, quello del nostro socio in questa comunità di argentini. In questa dedizione troveremo la nostra vocazione esistenziale, ci renderemo degni di questa terra, che non ha mai avuto la vocazione di emarginare nessuno.

Il racconto ci si presenta con la linearità di una narrazione semplice, ma racchiude in sé l'intera dinamica della lotta interiore che avviene nell'elaborazione della nostra identità, in ogni esistenza «lanciata nel cammino» di costruire una patria. Mi spiego: lungo la strada ci imbattiamo inevitabilmente nell'uomo ferito. Oggi e sempre di più, quel ferito è la maggioranza. Nel mondo e nella nostra patria. L'accettazione o l'esclusione del ferito che giace al bordo della strada qualifica tutti i progetti economici, politici, sociali e religiosi. Ciascuno di noi, ogni giorno, affronta l'opzione di essere buon samaritano o viandante indifferente che passa oltre. E se allarghiamo lo sguardo alla totalità della nostra storia, e in lungo e in largo nella nostra patria, tutti siamo o siamo stati come queste figure: tutti abbiamo qualcosa del ferito, qualcosa dei briganti, qualcosa di chi passa oltre e qualcosa del buon samaritano. È interessante notare come le differenze tra i personaggi della parabola vengano completamente trasfigurate di fronte alla dolorosa apparizione dell'uomo caduto, dell'umiliato. Non c'è più distinzione tra l'abitante della Giudea e l'abitante della Samaria, non c'è né sacerdote né mercante; ci sono semplicemente due tipi di uomini: quelli che si fanno carico del dolore altrui e quelli che passano oltre, quelli che si chinano sul caduto riconoscendosi in lui, e quelli che distolgono lo sguardo e affrettano il passo. E davvero le nostre molteplici maschere, le nostre etichette e i nostri travestimenti cadono: è l'ora della verità, ci chineremo per toccare le nostre ferite? Ci chineremo per caricarci vicendevolmente sulle spalle? È questa la sfida dell'ora presente, di cui non dobbiamo avere paura. Nei momenti di crisi la scelta si fa incalzante: potremmo dire che in questo momento tutti quelli che non sono briganti o che non passano oltre, o sono feriti o si stanno caricando sulle spalle qualcuno che è ferito.

La storia del buon samaritano si ripete: diventa sempre più evidente che la nostra negligenza sociale e politica sta facendo di questa terra un cammino desolato, in cui le dispute interne e il saccheggio dei privilegi ci stanno trasformando tutti in emarginati che giacciono sul bordo della strada. Nella sua parabola il Signore non propone vie alternative: che ne sarebbe stato di quell'uomo gravemente ferito o di chi l'aiutò, se l'ira o la sete di vendetta avessero prevalso nei loro cuori? Gesù Cristo confida nella parte migliore dello spirito umano e con la parabola lo incoraggia a aderire all'amore di Dio, a rialzare il sofferente e a costruire una società degna di questo nome. La parabola comincia con i briganti. Il punto di partenza scelto dal Signore è una rapina già avvenuta. Ma non ci fa soffermare a deplorare il fatto, non indirizza il nostro sguardo sui briganti. Li conosciamo. Abbiamo visto avanzare sulla nostra patria le fitte ombre dell'abbandono, della violenza utilizzata per meschini interessi di potere e di divisione, abbiamo visto l'ambizione di fare bottino di cariche pubbliche per arricchirsi. La domanda davanti ai briganti potrebbe essere: faremo della vita della nostra nazione un racconto che si ferma a questo punto della parabola? Lasceremo per terra il ferito, per correre ognuno per sé a cercare riparo dalla violenza o a inseguire i ladri? Il ferito sarà sempre la giustificazione delle nostre divisioni inconciliabili, della nostra crudele indifferenza, dei nostri conflitti intestini? La profezia poetica del *Martín Fierro* deve metterci in guardia: i nostri eterni e sterili odi e individualismi aprono le porte a quelli che vengono da fuori e ci divorano. Il popolo della nostra nazione dimostra, ancora una volta, la chiara volontà di seguire la sua vocazione di essere buoni samaritani l'uno per l'altro: ha riposto di nuovo la fiducia nel nostro sistema democratico nonostante le sue debolezze e carenze, e vediamo come si raddoppiano gli sforzi solidali per tornare a tessere una società che sta andando a pezzi. Il nostro popolo risponde con il silenzio della croce alle spinte disgregatrici e sopporta fino al limite la violenza incontrollata di chi è prigioniero del caos delinquenziale.

La parabola indirizza il nostro sguardo, ripetutamente, su quelli che passano oltre. Questa pericolosa indifferenza del passare oltre, innocente o meno, frutto del disprezzo o di una triste distrazione, fa delle figure del sacerdote e del levita un riflesso non meno triste di quella distanza sprezzante che molti si sentono tentati di opporre alla realtà e alla volontà di essere una nazione. Ci sono molti modi di passare oltre, modi complementari: uno è rinchiudersi in se stessi, disinteressarsi degli altri, essere indifferenti;

un altro è soltanto un guardare verso l'esterno. Per quanto riguarda questa seconda maniera di passare oltre, è tipico di alcune persone vivere con lo sguardo rivolto al di fuori dalla nostra realtà, desiderando sempre le caratteristiche di altre società, non per integrarle con i nostri elementi culturali, ma per rimpiazzarli. Come se il progetto di un paese artificiale cercasse di imporsi con la forza spingendo da parte l'altro; in questo senso possiamo leggere oggi esperienze storiche di rifiuto dello sforzo di guadagnare spazi e risorse, di crescere nell'identità, preferendo invece i vantaggi del contrabbando, la mera speculazione finanziaria e la spoliazione della nostra natura e – peggio ancora – del nostro popolo. Anche da un punto di vista intellettuale, perdura l'incapacità di accettare caratteristiche e processi propri, come hanno fatto tanti popoli, e si insiste invece sul disprezzo della propria identità. Sarebbe ingenuo non vedere altro dietro queste tendenze che ideologie o fisime cosmopolite: affiorano piuttosto interessi di potere che si avvantaggiano della costante conflittualità in seno al nostro popolo.

Un'inclinazione simile si osserva in chi, apparentemente per convinzioni opposte, si abbandona al gioco meschino delle ingiurie, degli scontri portati fino alla violenza, o al ben noto atteggiamento sterile di molti intellettuali per i quali «non c'è niente da salvare se non è come penso io». Quello che dovrebbe essere un normale esercizio di dibattito o autocritica, in grado di fare salvi gli ideali e gli obiettivi comuni, sembra qui manipolato in direzione di una permanente messa in discussione e scontro sui principi fondamentali. Si tratta di incapacità di cedere a beneficio di un progetto minimo comune, o è l'irrefrenabile compulsione di quanti si alleano soltanto per soddisfare la propria ambizione di potere? I «briganti di strada» sono riusciti tacitamente ad avere come alleati quelli che «passano oltre guardando da un'altra parte». Si chiude così il cerchio tra quanti usano e ingannano la nostra società per saccheggiarla, e quanti mantengono una presunta purezza nella loro funzione critica, ma vivono di questo sistema e delle nostre risorse per goderne da fuori, oppure tengono aperta la possibilità del caos a proprio vantaggio personale. Non dobbiamo ingannarci: l'impunità del reato, dell'uso delle istituzioni comunitarie per il profitto personale o corporativo, e altri mali che non riusciamo a bandire, hanno come contraltare la permanente disinformazione e il discredito di tutto, una cultura del sospetto che fa dilagare la diffidenza e l'incertezza. All'imbroglio del «va tutto male» si risponde con un «nessuno può farci niente». E in questo modo si alimenta il disincanto e lo scoramento. Sprofondare un popolo nello sconforto è la chiusura di un circolo vizioso perfetto: è la dittatura invisibile dei reali interessi, quegli interessi occulti che si sono impossessati delle nostre risorse e della nostra capacità di pensare ed esprimere opinioni.

Tutti noi, a partire dalle nostre responsabilità, dobbiamo caricarci la patria sulle spalle, perché il tempo stringe. La possibile dissoluzione l'abbiamo avvertita in altre circostanze, in questo stesso giorno della patria. Eppure, molti seguivano la loro via di ambizione e superficialità, senza guardare quelli che cadevano al bordo della strada: una minaccia che persiste.

Volgiamo finalmente gli occhi sul ferito. Noi cittadini ci sentiamo come lui, malconci a terra, al bordo della strada. Ci sentiamo anche abbandonati dalle nostre istituzioni inermi e carenti, sprovvisti della capacità e della formazione che l'amore per la patria esige.

Ogni giorno dobbiamo incominciare una nuova tappa, trovare un nuovo punto di partenza. Non dobbiamo aspettarci tutto da chi ci governa, sarebbe infantile, dobbiamo piuttosto essere parte attiva nel riabilitare e nel soccorrere il paese ferito. Oggi ci troviamo davanti alla grande opportunità di manifestare la nostra essenza religiosa, filiale e fraterna per sentirci beneficiati del dono della patria, del dono del nostro popolo; l'opportunità di essere buoni samaritani che si facciano carico del dolore dei fallimenti, invece di accentuare odi e risentimenti. Come il viandante occasionale della nostra storia, è sufficiente il desiderio gratuito, puro e semplice di voler essere nazione, di essere costanti e infaticabili nell'accogliere, integrare e risollevare chi è caduto. Anche se i violenti, quelli che hanno ambizioni solo per se stessi, i corifei della confusione e della menzogna si emarginano da soli, e altri continuano a pensare alla politica per i loro giochi di potere, noi invece ci mettiamo al servizio del meglio possibile per tutti. Cominciare dal basso e dal singolo, lottare per le cose più concrete e vicine a noi, fin nell'angolo più remoto della patria, con la stessa sollecitudine che il viandante di Samaria ebbe per ogni piaga dell'uomo ferito. Non fidiamoci dei discorsi triti e ritriti e delle sedicenti relazioni sulla realtà. Facciamoci carico della realtà che ci riguarda senza avere paura del dolore o dell'impotenza, perché lì è il Risorto. Dove c'era una pietra e un sepolcro, lì aspettava la vita. Dove c'era una terra desolata i nostri avi indigeni e in seguito tutti gli altri che hanno popolato la nostra patria fecero germogliare lavoro ed eroismo, organizzazione e protezione sociale.

Le difficoltà che sembrano enormi sono l'opportunità per crescere, e non il pretesto per la tristezza inerte che favorisce la sottomissione. Rinunciamo alla meschinità e al risentimento degli sterili conflitti intestini, degli scontri senza fine. Smettiamo di nascondere la sofferenza per ciò che abbiamo perduto e facciamoci carico dei nostri crimini, delle nostre mancanze e menzogne, perché soltanto la riconciliazione riparatrice ci risusciterà, e farà svanire la paura che abbiamo di noi stessi. Non si tratta di predicare un moralismo rivendicativo, ma di affrontare le cose da un punto di vista etico, che affonda sempre le sue radici nella realtà. Il samaritano proseguì per la sua strada senza aspettare riconoscimenti o gratitudine. La dedizione nel servizio era la sua soddisfazione di fronte al suo Dio e alla sua vita, e perciò un dovere. Il popolo di questa nazione anela a vedere un simile esempio in chi rappresenta la sua immagine: ci vuole magnanimità, perché solo la magnanimità risveglia la vita e riunisce.

Non abbiamo il diritto di essere indifferenti, di non essere interessati, di guardare dall'altra parte. Non possiamo «passare oltre» come fecero quelli della parabola. Abbiamo una responsabilità nei confronti del ferito che è la nazione e il suo popolo. Ha inizio oggi una nuova tappa per la nostra patria profondamente segnata dalla fragilità: fragilità dei nostri fratelli più poveri ed esclusi, fragilità delle nostre istituzioni, fragilità dei nostri vincoli sociali. Prendiamoci cura della fragilità del nostro popolo ferito! Ognuno con il proprio vino, il proprio olio e la propria cavalcatura.

Prendiamoci cura della fragilità della nostra patria. Ognuno pagando di tasca propria quanto è necessario affinché la nostra terra sia un vero albergo per tutti, nessuno escluso.

Prendiamoci cura della fragilità di ogni uomo, di ogni donna, di ogni bambino e di ogni anziano, con l'atteggiamento solidale e attento, l'atteggiamento di prossimità del buon samaritano.

Possa nostra Madre, Maria Santissima di Luján, che è rimasta con noi e ci accompagna lungo il cammino della storia come segno di conforto e di speranza, ascoltare la nostra supplica di viandanti, possa consolarci e incoraggiarci a seguire l'esempio di Cristo, colui che carica sulle proprie spalle la nostra fragilità.

25 maggio 2003

La via delle beatitudini evangeliche

In questo giorno di ringraziamento per la patria ascoltiamo il passo delle «beatitudini», che ci parlano di gioia e benedizione, di orizzonte felice dell'essere. Gesù, il «Testimone veritiero» della gioia di essere perché ha dato la vita per la beatitudine di tutti, ci illumina e ci nutre oggi con il suo progetto. Il Signore ha enunciato le beatitudini per tutti, e se è vero che esse evidenziano chiaramente le nostre zone d'ombra e di peccato, è anche vero che cominciano con una benedizione e finiscono con una promessa che ci consola. Dio ha riunito il suo popolo intorno alla verità, al bene e alla bellezza proclamati dalle beatitudini. Il mio augurio è che, ascoltandole, non cerchiamo di applicarle in modo critico agli altri, ma le riceviamo nella loro integrità, tutti noi, ciascuno con cuore semplice e aperto, permettendo alla parola di riunirci ancora una volta, sempre nella speranza di costruire la nazione che dobbiamo a noi stessi. Nel giorno della patria ci farà bene rivisitare brevemente le beatitudini; ognuno di noi ci rifletta con calma, chiedendosi che significato hanno oggi per lui, non per chi gli sta a fianco o per il vicino di fronte. Ripercorriamo le beatitudini lentamente, in una sorta di «cadenza sapienziale», cercando di fare in modo che il loro significato ci arrivi al cuore.

Oggi ci sentiamo chiamati – tutti, senza eccezioni – a confrontarci con questa testimonianza che sgorga dal sentimento più intimo di Gesù. Siamo chiamati a una vocazione: costruire la felicità, gli uni per gli altri; è ciò che porteremo con noi di questo mondo. Nelle beatitudini il Signore indica il cammino attraverso cui noi uomini possiamo incontrare la felicità più autenticamente umana e divina. Ci fornisce lo specchio in cui guardarci, quello che ci dice se stiamo percorrendo il sentiero di serenità, di pace e di significato in cui possiamo godere della nostra esistenza in comune. La beatitudine è semplice, e per ciò stesso è un percorso d'altro canto esigente e uno specchio che non mente. Rifugge il moralismo superficiale e il perbenismo a buon mercato.

Nella commemorazione delle giornate di maggio ricordiamo i padri della patria che, con le loro gesta, sognarono la beatitudine per i nostri popoli, che aspirano a creare una cittadinanza. Anche a quei tempi ci si faceva illusioni, e la purezza di ispirazione degli ideali si intrecciava con facili ambizioni, a volte oscure. Dopotutto, ciò fa parte della storia di ogni popolo, e non siamo qui a giudicare né a pretendere di separare il grano dal loglio, bensì a festeggiare l'eredità da cui siamo nati, perché, nonostante le miserie e in mezzo a esse, abbiamo una casa. Siamo venuti a festeggiare, ma non dobbiamo tralasciare di chiederci se la nostra vocazione è ancora il voler concretizzare quei desideri di beatitudine, se l'essere cittadini si è svilito fino a diventare una mera formalità, o se è ancora un appello profondo a trovare la gioia e il piacere di costruire insieme una casa, la nostra patria.

Per prima cosa il Signore parla della gioia che sperimentiamo soltanto se abbiamo un'anima da poveri. Nel nostro popolo più umile troviamo abbondanza di questa beatitudine: quella di chi conosce la ricchezza della solidarietà, la ricchezza del condividere il poco che si ha, ma di dividerlo con gli altri; la ricchezza del sacrificio quotidiano di un lavoro, a volte precario e mal pagato, ma fatto per amore dei familiari; la ricchezza perfino delle proprie miserie che tuttavia, se vissute con fede nella Provvidenza e nella misericordia di Dio nostro Padre, alimentano nel nostro popolo quella grandezza umile del saper chiedere e offrire perdono, rinunciando all'odio e alla violenza. Sì, la ricchezza di ogni povero e piccolo, che nella sua manifesta fragilità e vulnerabilità conosce l'aiuto, la fiducia e l'amicizia sincera che accorcia le distanze. Di essi, dice Gesù, è «il regno dei Cieli»; soltanto così, imitando la misericordia di Dio, si ottiene un'anima grande capace di abbracciare e comprendere, ossia di «trovare», come dice il Vangelo, misericordia.

Abbiamo bisogno dell'amicizia sociale che coltivano i poveri e i piccoli, quella che appaga solo quando si dà completamente agli altri.

Il Signore ci liberi dalla «sventura» di una perenne insoddisfazione, dell'occultamento del vuoto e della miseria interiore con succedanei di potere, esteriorità, denaro. La povertà evangelica, viceversa, è creativa, comprende, sostiene ed è colma di speranza; respinge la «messinscena» che vuole soltanto impressionare; non ha bisogno di propaganda per mostrare quel che fa, né ricorre ai rapporti di forza per imporsi. Il suo potere e la sua autorità nascono dall'appello ad avere fiducia, non dalla manipolazione, dall'intimidazione o dalla prepotenza.

Beati sono anche i cuori che «sono nel pianto». Quelli che piangono per la lacerazione fra il desiderio di una pienezza e di una pace che non riescono a raggiungere e che rimandano, e un mondo che scommette sulla morte. Beati coloro che per questo piangono, e piangendo scommettono sull'amore, anche se si ritrovano con il dolore dell'impossibilità o dell'impotenza. Queste lacrime trasformano l'attesa in lavoro a favore dei bisognosi e in semina che le generazioni future mieteranno. Queste lacrime trasformano l'attesa in vera solidarietà e impegno per il futuro.

Beati, dunque, coloro che non giocano con il destino degli altri, coloro che hanno il coraggio di affrontare la sfida di costruire senza pretendere di essere protagonisti dei risultati, perché non hanno paura del tempo. Beati coloro che non si arrendono all'ignavia di vivere l'attimo, non importa per quale fine o a scapito di chi, ma che coltivano sempre in una prospettiva più ampia ciò che è nobile, elevato, saggio, perché credono al di là dell'immediatezza in cui vivono e di ciò che raggiungono.

La «sventura» è precisamente il contrario: non accettare il dolore del tempo, negarsi alla transitorietà, essere incapaci di accettarsi come una persona tra le altre del popolo, come uno dei tanti in quella lunga catena di sforzi continui necessari per costruire una nazione. Forse questa è stata una causa di tante frustrazioni e tanti fallimenti che ci hanno portato a vivere in bilico, in costante agitazione. Nell'abitudine di contrapporre ed escludere, nel ripresentarsi di crisi o emergenze, i diritti perdono terreno, il sistema si indebolisce e viene indirettamente svuotato di legittimità. Il prezzo più alto è allora pagato dai più poveri, mentre crescono le possibilità per opportunisti e profittatori.

Proprio questo scommettere sul tempo, e non sull'istante, è ciò che Gesù loda come pazienza o mansuetudine: «Beati i miti, perché avranno in eredità la terra».

È opportuno ricordare che mansueto non è il codardo o l'ignavo, ma colui che non ha bisogno di imporre la propria opinione, di sedurre o compiacere con menzogne, perché confida nell'attrazione – alla lunga irresistibile – della nobiltà d'animo. Per questo i nostri fratelli ebrei chiamavano la verità «fermezza» e «fedeltà»: ciò che si sostiene e che convince perché è schiacciante, ciò che perdura nel tempo perché è coerente. L'intemperanza e la violenza, invece, sono frutto dell'istante, sono congiunturali, perché nascono dall'insicurezza in se stessi. Beato, dunque, colui che è mite, che si mantiene fedele alla verità e riconosce le contraddizioni e le ambiguità, i dolori e i fallimenti, non per vivere di essi, ma per trarne vantaggio di fortezza e costanza.

Guai a colui che non rimane mansueto nella verità, che non sa in cosa crede, l'ambiguo, che cura a tutti i costi il suo spazio e la sua immagine, il suo piccolo universo di ambizioni. Prima o poi le sue paure deflagleranno in aggressività, in manie di onnipotenza e in improvvisazione irresponsabile. Guai a colui che è vendicativo e rancoroso, che cerca nemici e colpevoli solo fuori di sé, per non dover convivere con la propria amarezza e il proprio risentimento, perché con il tempo si pervertirà, facendo di questi sentimenti una pseudoidentità, quando non un affare.

Quante volte noi argentini siamo caduti nella «sventura» di non avere saputo conservare tale mansuetudine? Nella «sventura» dell'autoreferenzialità, della costante esclusione di ciò che reputiamo contrario alle nostre idee, della diffamazione e della calunnia come spazio di confronto e scontro? Atteggiamenti sciagurati che ci chiudono nel circolo vizioso di un conflitto senza fine. Quanti di questi capricci e impulsi verso una facile via d'uscita, verso l'«affare subito», nella convinzione che la nostra astuzia risolva ogni problema, ci sono costati arretratezza e miseria? Non riflettono forse la nostra insicurezza prepotente e immatura?

Beati noi, invece, se rispondiamo all'appello della forza trasformatrice dell'amicizia sociale, quella che il nostro popolo ha coltivato con tanti gruppi e tante culture che hanno popolato e popolano tuttora il nostro paese. Un popolo che scommette sul tempo e conosce la mansuetudine del lavoro, il talento creativo e la ricerca, la festa e la solidarietà spontanea, un popolo che ha saputo guadagnare o «ereditare la terra» in cui vive.

Questo è il vero lavoro per la pace, come dice un'altra delle beatitudini, il lavoro che integra e ricrea, che invita a convivere e a condividere perfino con coloro che ci sembrano avversari o che sono stranieri. Che fa pensare dell'altro: non può che essere «figlio di Dio», figlio dell'alto nella sua fede, e figlio di questa terra nella sua cultura. La pace comincia a consolidarsi quando guardiamo l'altro come figlio di Dio, come figlio della patria. Per questo diciamo oggi: beati quanti tra i nostri antenati lavorarono per la pace dei nostri popoli e si lasciarono pacificare dalla legge, quella legge che abbiamo stabilito come sistema di vita e che sempre dobbiamo tornare a custodire nel più profondo dei nostri cuori.

Guai a colui che inganna la legge in virtù della quale esistiamo come società! Cieco e sventurato, nel fondo della sua coscienza, colui che lede ciò che gli dà dignità. Benché appaia vivo e si vanti di gioie effimere, che povertà! La mancanza di regole è una «sventura»: quella tentazione di «lasciar fare», di «lasciar correre», quel non osservare la legge che arriva addirittura a mettere in pericolo delle vite umane; quel mal vivere senza rispetto per le regole che ci amministrano, dove sopravvive soltanto il furbo e il corrotto, e che ci sprofonda in un cono d'ombra e di reciproca diffidenza. Che felicità si prova invece quando viene fatta giustizia, quando vediamo che la legge non è stata piegata a usi personali, che la giustizia non è solo per gli adepti, per quelli che hanno brigato di più o hanno fatto valere il loro peso! Che gioia quando possiamo sentire che la nostra patria non è solo per pochi! I popoli che spesso ammiriamo per la loro cultura sono quelli che coltivano i loro principi e le loro leggi da secoli, per i quali il loro *ethos* è sacro, pur essendo flessibili di fronte ai tempi che cambiano o alle pressioni di altri popoli o centri di potere.

Guai a noi, invece, se usiamo male la libertà che ci dà la legge per svilire le nostre convinzioni e credenze più profonde, quando disprezziamo o ignoriamo i nostri padri della patria o l'eredità del nostro passato, quando arriviamo a rinnegare Dio, fingendo di non sapere che nella nostra Costituzione lo riconosciamo come «fonte di ogni ragione e giustizia».

Il rispetto maturo della legge, invece, è quello del saggio, dell'umile, dell'assennato, del prudente consapevole che la realtà si trasforma a partire e in considerazione di essa, riunendo, pianificando, convincendo, senza inventare mondi contrapposti né proporre salti nel vuoto da ambigui avanguardismi.

Questo è il cammino dei giusti; quello che intraprende chi ha fame e sete di giustizia e che, vivendola, ne è «saziato», come dice il Vangelo. Beato colui che coltiva l'anelito a questa giustizia che abbiamo tanto cercato nel corso della nostra storia; anelito che forse non sarà mai completamente soddisfatto, ma che ci fa sentire pieni quando ci impegniamo a favore di una maggior equità. Perché la giustizia stessa stimola e premia chi si mette in gioco e si logora per essa, e regala opportunità a chi compie sforzi genuini e concreti.

Beato colui che pratica la giustizia che distribuisce secondo la dignità delle persone, secondo i bisogni che questa dignità implica, privilegiando i più indifesi, non gli amici.

Beato colui che ha fame e sete di questa giustizia che ordina e pacifica, perché «pone limiti» agli errori e alle mancanze, non li giustifica; perché combatte l'abuso e la corruzione, non li nasconde né li copre; perché aiuta a risolvere i problemi e non se ne lava le mani, né trae vantaggio dalle sventure altrui. Beati noi se l'appello alla giustizia ci fa ribollire il sangue quando vediamo la miseria di milioni di persone nel mondo.

Guai, invece, se non ci indigniamo nel vedere che per le strade, davanti alle scuole dei nostri figli, si spacciano droghe che mandano in rovina generazioni, rendendole facili prede del narcotraffico o dei manipolatori di potere. Guai a noi, perché si paga molto caro lo scivolamento della cultura verso la superficialità e il marketing dello scandalo (manifestazioni di disprezzo del vissuto spirituale che tentano di vivificare il vuoto); si pagano care le menzogne e la seduzione demagogica che cercano di trasformarci in meri clienti o consumatori. Apriamo gli occhi: lo schiavo non è chi è incatenato, bensì chi non pensa né ha convinzioni. Non si è cittadini per il semplice fatto di votare, ma per la vocazione e l'impegno a costruire una nazione solidale.

Beati allora i puri di cuore che non hanno paura di mettere in gioco i propri ideali, perché amano la purezza delle proprie convinzioni vissute e trasmesse con intensità, senza aspettare gli applausi, il giudizio del tutto relativo dei sondaggi o un'occasione favorevole per migliorare la propria posizione. Non cambiano il loro approccio per ingraziarsi i potenti, e non se ne spogliano in seguito per guadagnarsi il plauso effimero delle masse. Beati i puri di cuore che informano, pensano e fanno pensare a cose fondamentali, e non ci vogliono distrarre con fatti secondari o banali. Che non consegnano la loro parola o il loro silenzio a chi detiene il potere, né restano intrappolati nei loro dettami.

Beati i giovani puri di cuore che si mettono in gioco per i loro desideri nobili ed elevati, e non si abbandonano alla delusione di fronte alle menzogne e all'assurda immaturità di molti adulti. Che si votano all'impegno più puro di un amore che li radichi nel tempo, che li renda integri dentro, che li unisca in un progetto. Coloro che non si lasciano atomizzare dalle occasioni, dalle facili offerte o dall'istante effimero. Felici, se si ribellano per cambiare il mondo e smettono di dormire nell'inerzia del «non vale la pena». La beatitudine è una scommessa gravosa, costellata di rinunce, di ascolto e di apprendistato, di raccolta nel tempo, ma regala una pace incomparabile. Beati noi se seguiamo l'esempio di coloro che hanno il coraggio di vivere con coerenza, pur rimanendo nell'ombra.

Può essere che la purezza di un cuore che ama le proprie convinzioni susciti rifiuto e persecuzione. Di fatto, Gesù dovette subire il rifiuto della nostra stoltezza ogni volta che smascherò la nostra malvagità più profonda, ipocritamente nascosta. E tuttavia anche in quel caso ci chiama a essere felici. Beati i «perseguitati per la giustizia», che per Lui e per i suoi compatrioti era quella di Dio e del suo regno. E ci chiama alla gioia perfino quando la coerenza delle nostre convinzioni suscita non solo rifiuto, ma anche calunnie, insulti e persecuzione.

Ovviamente non stiamo parlando né dell'atteggiamento del temerario che ha bisogno di fare il ribelle o di civettare con la morte per sentirsi qualcuno, né di chi si fa bello con denunce e proteste o che si dissocia per aumentare il proprio prestigio personale. Gesù non benedice nemmeno la rigidità codarda del superbo che usa la verità per non rischiare di avere misericordia.

La causa non è fatta di opache idealizzazioni, ma di amore: è persecuzione per Lui, per la sua Persona, per la vita che trasmette e, pertanto, per la lotta a favore di ogni essere umano e dei suoi diritti. È lotta per ogni bene e verità che miri alla pienezza; per il desiderio di essere fratelli su questa terra, ossia di accettarci pur con le nostre differenze nell'uguaglianza.

Beati noi, se siamo perseguitati perché vogliamo una patria dove la riconciliazione ci permetta di vivere, lavorare e costruire un futuro degno per chi verrà dopo. Beati noi, se ci opponiamo all'odio e allo scontro permanente, perché non vogliamo il caos e il disordine che ci rende ostaggi dei poteri. Beati, se difendiamo la verità in cui crediamo, anche se i mercenari della propaganda e della disinformazione ci calunniano.

Lo stesso Gesù ha subito ogni genere di ingiuria e diffamazione; ha visto fazioni rivali allearsi contro di Lui; ha dovuto sentire le false testimonianze dei manipolatori di informazioni; ha avuto difensori imprudenti che hanno voluto dare prova di inflessibilità e sono rimasti soltanto con la realtà della loro codardia. Ha conosciuto il tradimento di chi, mentre lo indicava con la mano sinistra, prendeva denari con la destra.

Beati noi, cari fratelli, se costruiamo un paese dove il bene pubblico, l'iniziativa individuale e l'organizzazione comunitaria non lottino tra di loro e non si isolino, ma comprendano che l'unità sociale e la reciprocità sono l'unico modo di sopravvivere e, con l'aiuto di Dio, di crescere, di fronte alla minaccia della disgregazione.

Nessuno può arrivare a essere grande se non si fa carico della propria piccolezza. L'invito delle beatitudini è un appello che ci sollecita a partire dalla realtà di ciò che siamo, ci dà entusiasmo, smussa le divergenze. Ci avvia su un sentiero di grandezza possibile, quello dello spirito, e quando lo spirito è pronto, tutto il resto viene da sé.

Troviamo dunque il coraggio, con spirito intrepido e ardimentoso, pur in mezzo alle nostre povertà e limitazioni; e chiediamo a Dio di accompagnarci e fortificarci nella ricerca delle beatitudini di tutti gli argentini.

25 maggio 2006

La voracità del potere, la gratuità dell'amore

Il Vangelo che abbiamo appena ascoltato (*Mc* 12,28-34) ci introduce in una situazione di improvvisa ma profonda comunione di sentimenti, proprio mentre attorno a Gesù cominciava a crescere il dissenso: quello del potere costituito, quello dei religiosi e di una parte della folla, che inizia a prendere le distanze o a provare indifferenza per lui.

Uno scriba, dunque una persona poco propensa a trovarsi d'accordo con il Maestro di Nazareth, lo avvicina con curiosità, una curiosità intellettuale e indagatrice, per mettere alla prova la sua solidità dottrinale. Resta però sorpreso: si trova davanti un compatriota che non solo conosce la giustizia di Dio, ma che oltretutto ha un cuore nobile. Si trova davanti qualcuno che lo invita alla pienezza: «Non sei lontano dal Regno dei cieli». Il potenziale antagonista si vede innalzato allo stesso livello di fratellanza dal sincero invito e dalla stima di quel cuore nobile che è Gesù, il Maestro, il quale gli offre, perché raggiunga la pienezza, la comunanza del regno. Solo la nobiltà di cuore, di un cuore che non può fare a meno di amare, proprio come viene annunciato nel comandamento di cui stanno parlando, può tendere ponti e creare vincoli. Solo l'amore è pienamente affidabile, o, come dice la «dottoressa dell'amore», santa Teresa di Lisieux, «è la fiducia, e soltanto la fiducia, che ci condurrà all'amore».

Al di là delle vicissitudini della storia e delle ambiguità degli uomini, i nostri padri di maggio, pur con i loro molti contrasti ed errori, hanno scommesso sulla fiducia reciproca, che è radice e frutto dell'amore. La fiducia di poter porre le basi per guidare il nostro destino di singoli e tutto ciò che simbolizziamo come patria e nazione. Senza farlo precedere da dichiarazioni altisonanti, un autentico amore sociale si è donato nel sacrificio quotidiano per la costruzione di questa nazione. Sangue e lavoro, rinunce ed esilio riempiono le pagine della nostra storia. Nonostante l'opposizione dell'odio fratricida e delle ambizioni private che ostacolano e rallentano, è stato l'amore per quel progetto fondante a portare avanti il sogno di essere argentini. Incompiuto o troncato, ferito o indebolito, quel sogno è sempre lì, perché si continui a realizzarlo, e il Vangelo che oggi ci illumina ci rammenta l'amore che ne è il fondamento.

Un amore che esige «tutto il tuo cuore e la tua anima, il tuo spirito e le tue forze», perché Gesù sa, come lo sapevano i saggi di Israele, che chi ama a tal punto Dio non ha paura di farlo con gli altri, lo fa con semplicità e leggerezza. Quelli che amano con tutto il loro essere, anche se pieni di debolezze e di limiti, sono quelli che volano con levità, liberi da influenze e pressioni. Chi non ama di «cuore e spirito» si trascina pesantemente in mezzo alle sue elucubrazioni e paure, si sente perseguitato e minacciato, ha bisogno di rinforzare il suo potere senza sosta e senza valutare le conseguenze.

Gesù non si limita a dare un comandamento nel significato più comune della parola, ma proclama l'unico modo di fondare un vincolo e una comunità che sia umanizzante: l'amore gratuito, privo di pretese, che è solido perché si basa su principi, che sente e pensa gli altri come prossimo, cioè come se stesso. È certamente difficile trovare un essere umano che non senta il bisogno, la mancanza o il desiderio dell'amore, ma è anche vero che le nostre condizioni limitate restringono sempre tale amore e lo piegano ai nostri interessi. L'amore che propone Gesù è gratuito e illimitato, e per questo molti considerano Lui e il suo insegnamento un delirio, una pazzia, e preferiscono accontentarsi dell'ambigua mediocrità, senza critiche e senza sfide. E quegli stessi predicatori della mediocrità culturale e sociale reclamano, quando sono toccati nei loro interessi, comportamenti etici da parte degli altri e delle autorità. Ma su che cosa si può fondare un'etica, se non sull'interesse che «l'altro» e «gli altri» risvegliano in me, a partire dall'amore inteso come convinzione e condotta fondamentale, ossia a partire da questa «pazzia» che propone Gesù?

Questa «pazzia» del comandamento dell'amore che propone il Signore ci sostiene nel nostro essere, e allontana inoltre le altre «pazzie» quotidiane che mentono, nuocciono e finiscono per impedire la realizzazione del progetto di nazione: la pazzia del relativismo e quella del potere come ideologia unica. Il relativismo, con il pretesto che tutte le differenze vanno rispettate, rende omogenei nella trasgressione e nella demagogia; permette tutto, per evitare la difficoltà che esige il coraggio maturo di sostenere valori e principi. Il relativismo, curiosamente, è assolutista e totalitario, non ammette di essere diverso da ciò che è, in nulla si distingue dallo «sta' zitto» o «non t'impicciare».

Il potere come ideologia unica è un'altra menzogna. Se i pregiudizi ideologici deformano lo sguardo sul prossimo e sulla società a partire dalle proprie sicurezze e paure, il potere diventato ideologia unica accentua il punto di vista persecutorio e preconcetto secondo cui «tutte le posizioni sono schemi di potere» e «tutti cercano di dominare gli altri». In questo modo si erode la fiducia sociale che, come ho detto, è radice e frutto dell'amore.

Gesù invece ha mostrato il potere dell'amore come servizio. Per quanto lo si distrugga, il potere dell'amore come servizio resuscita sempre. La sua fonte si trova al di là di ogni indicazione umana: è la paternità amorosa di Dio, fonte irraggiungibile e inconfutabile. L'amore reciproco fa sì che il prossimo non sia manipolato né frainteso. Solo ciò che è superiore, l'amore di Dio, consolida il potere di Gesù.

Noi siamo invitati a rifondarci nella sovranità dell'amore semplice e profondo, dell'amore che abbiamo ascoltato oggi nel Vangelo, il comandamento che annoda l'amore di Cristo e di Dio Padre nei vincoli e nella dignità del prossimo amato «come noi stessi». Quando invece si usa il nome di Dio, o qualsiasi altra entità reale o ideologica, per sottomettere e fare violenza, si cade nella pura idolatria, e quando lo facciamo non operiamo come Lui opera con noi.

Questa ricorrenza patriottica è un momento propizio per fermarci e interrogarci sul «cuore, l'anima, lo spirito e le forze» del nostro amore di cittadini e membri di una famiglia. Quell'amore che ci insegna a vivere bene e a contribuire alla crescita degli altri, che sono come noi, che meritano l'amore come noi perché sono persone e compatrioti. Nessun sistema o ideologia garantisce di per sé questo lavoro politico accurato e giusto per il bene degli altri, di tutti noi. Per esso, bisogna vivere l'amore come un dono prezioso e invocato, che ispira comportamento etico e sacrificio, prudenza e decisione. E dunque, di fronte a questo comandamento che richiede tutte le nostre forze, di fronte a questo dono che ci aiuta a costruire su una base più profonda la nostra coscienza civica e politica e che, soprattutto, richiede un cuore nobile, ci gioverà oggi fare un esame di coscienza, con coraggio genuino, e interrogarci concretamente su una realtà quotidiana che è esattamente il contrario dell'amore, una conseguenza della mancanza di amore: che cosa ci porta a essere complici, con la nostra indifferenza, delle situazioni di abbandono e delle manifestazioni di disprezzo nei confronti dei più deboli della società?

Perché nell'insaziabile voracità del potere, del consumismo e di una falsa eterna gioventù, gli ultimi, i deboli, vengono scartati come materiale usa e getta da una società che è diventata ipocrita, tutta presa a saziare il suo «vivi come ti pare» (come se fosse possibile), tenendo come unico criterio i capricci adolescenziali non appagati. Il bene pubblico e comune sembra importare poco, fintanto che sentiamo soddisfatto il nostro «ego». Ci scandalizziamo quando i media ci mostrano certe realtà sociali, ma poi torniamo nel nostro guscio e niente ci spinge verso quella coerenza politica che è chiamata a essere la più alta espressione della carità. Gli ultimi, i deboli, vengono scartati: i bambini e gli anziani.

A volte ho come l'impressione che, nei confronti dei bambini e dei giovani, ci comportiamo come adulti che non vedono, e trascuriamo i più piccoli perché ci mettono davanti agli occhi la nostra amarezza e la nostra vecchiaia non accettata. Li abbandoniamo all'arbitrio della strada, al «si salvi chi può» dei luoghi di ricreazione e svago, o all'anonimato passivo e freddo della tecnologia. Lasciamo che tutto ricada sulle loro spalle, e siamo simili a loro perché non vogliamo accettare il nostro ruolo di adulti, non capiamo che il comandamento dell'amore esige di prendersi cura, porre limiti e aprire orizzonti, dare testimonianza con la propria vita. E, come sempre, i più poveri incarnano l'aspetto più tragico del «figlicidio» sociale: violenza e abbandono, spaccio, abusi e sfruttamento di minori.

Anche gli anziani sono abbandonati, e non solo nella precarietà materiale. Sono abbandonati nella nostra egoistica incapacità di accettare i loro limiti, che riflettono i nostri, nei numerosi scogli che devono superare oggi per sopravvivere in una società che non li fa partecipare, che non permette loro di esprimere la propria opinione né li considera dei referenti, in base al modello consumistico secondo cui «solo i giovani sono utili e possono godere». Mentre gli anziani dovrebbero essere, per la società intera, la riserva sapienziale del nostro popolo.

Con quale facilità si addormenta la coscienza, quando non c'è amore! E questo torpore è il segno di una certa narcosi dello spirito e della vita. Consegniamo le nostre esistenze e, peggio ancora, quelle dei nostri bambini e dei nostri ragazzi alle soluzioni magiche e distruttive delle droghe (legali e illegali), del gioco legalizzato, della ricetta facile, della banalizzazione vacua dello spettacolo, della cura feticistica del corpo. Le incapsuliamo nel recinto del narcisismo e del consumismo. E i nostri anziani, che per questo narcisismo e consumismo sono materiale di scarto, li gettiamo nel tritarifiuti esistenziale. E così, la mancanza di amore instaura la «cultura del tritarifiuti». Quel che non serve, si butta via. Questa esclusione, una vera e propria anestesia sociale, è da un lato rafforzata dalle rappresentazioni identitarie dell'approccio mediatico, che denigra tutto ciò che non corrisponde all'ideologia in voga, dall'altro dalla confusa diffusione del modello del «legame fluido», non impegnativo, come nuovo nucleo familiare, perché continui a produrre soggetti che mettono al mondo figli che sentono costantemente il disorientamento di adulti incapaci di amare. Adulti che abbandonano e trascurano, riproducendo così nei figli, tragicamente, il proprio vuoto interiore. Non dobbiamo stupirci, allora, che si diffonda la violenza contro i bambini e gli indifesi; deve piuttosto allarmarci la nostra capacità di girare la testa dall'altra parte e di farci distrarre, la nostra codardia.

Il vuoto di amore, la sua volgarizzazione e il suo continuo imbastardimento, anche in alcuni approcci pseudoreligiosi, non solo ci disumanizza ma, proprio per questo, ci depoliticizza. L'amore invece stimola la cura di ciò che è comune, e soprattutto del bene comune, che potenzia e rafforza il bene dei singoli. Una politica senza mistica del servizio, senza passione per il bene, finisce per essere un razionalismo della negoziazione, o un divorare tutto affinché rimanga il puro godimento del potere. In questo non c'è nessuna etica possibile, semplicemente perché l'altro non suscita interesse.

Guardare il modo in cui Gesù è vissuto e ha trasmesso il suo comandamento dell'amore mi ispira una riflessione: potrebbe dare un'impressione di debolezza rispetto alle ambizioni di possibilità illimitate dell'uomo di oggi, che sembra mostrare una sete di potere che rifugge ogni sensazione di debolezza. Non sopportiamo di vederci deboli. Il dialogo e la ricerca delle verità che ci portano a costruire un progetto comune implicano invece ascolto, rinunce, riconoscimento degli errori, accettazione dei fallimenti e degli sbagli, implicano accettare la debolezza. Ma a quanto pare cadiamo sempre nell'atteggiamento opposto: gli errori vengono commessi da «altri», e sicuramente «altrove».

Crimini, tragedie, grossi debiti che dobbiamo pagare per fatti di corruzione, però «non è stato nessuno». Nessuno si fa carico di ciò che va fatto e di ciò che è stato fatto. Sembrerebbe un meccanismo inconsapevole: «non è stato nessuno» è, in conclusione, una verità, e forse siamo arrivati a essere e sentirci «nessuno».

Quanto al potere: l'esercizio di accumulare potere, come l'adrenalina, dà una sensazione di pienezza artificiale oggi e autodistruzione domani. Il vero potere è l'amore; l'amore che fortifica gli altri, che suscita iniziative, l'amore che nessuna catena può frenare, perché perfino sulla croce o sul letto di morte si può amare. Non ha bisogno di bellezza giovanile, né di riconoscimento o approvazione, né di denaro o prestigio. Semplicemente sboccia ed è inarrestabile; se viene calunniato e distrutto, acquisisce un riconoscimento ancora più inconfutabile. Il Gesù debole e insignificante agli occhi dei politologi e dei potenti della terra ha rivoluzionato il mondo.

Il comandamento dell'amore vuole farci sentire l'appello a coltivare la nostra capacità di amare. Non è, semplicemente, un impulso spontaneo della natura, bensì un dono che, a partire dalla nostra indole e dall'iniziativa di Dio, ci rinsalda come persone, se lo accogliamo e lo nutriamo. Senza amore, viceversa, l'anima avvizzisce e indurisce, e diventa facilmente crudele. Non per nulla i nostri avi utilizzarono originariamente il termine *desalmado*, cioè «senz'anima», per indicare chi non ha compassione né considerazione per l'altro. L'amore infonde la nobiltà nello scriba e in Gesù nonostante abbiano opinioni diverse. E *noblesse oblige*. Gesù apre la porta alla costruzione del regno; la fiducia reciproca, basata sulla fede in ciò che è superiore, facilita non solo la nostra convivenza, ma anche la costruzione corale di una comunità nazionale che faccia il nostro bene.

L'amore ci invita oggi ad agire senza strategie miopi, tenendo a mente le generazioni future, non sacrificandole a orientamenti semplicistici. Ci invita ad agire senza relativismi immaturi, indifferenti o codardi. Ci invita ad agire senza narcotizzarci di fronte alla realtà, senza nascondere la testa come struzzi davanti a errori e fallimenti. L'amore ci invita ad accettare che nella debolezza stessa c'è tutta la potenzialità per ricostruirci, riconciliarci e crescere.

Lungi dall'essere sentimentalismo spiccio o mera impulsività, l'amore è un compito fondamentale, sublime e insostituibile, che oggi diventa una necessità da proporre a una società disumanizzata. L'ha sottolineato papa Benedetto XVI in due sue encicliche, ricordandoci che l'intero cammino di ascesa della meravigliosa forza rivitalizzante del desiderio di amore dell'uomo non è completa, né nobilita né trova il suo autentico significato ultimo, senza l'amore inteso come dono che viene da Dio. Soltanto così vivremo i nostri sforzi, i nostri successi e fallimenti, anche se confusi e conflittuali come quelli del maggio 1810, dotandoli di un significato solido e rifondante. Già sappiamo dove ci portano le ambizioni voraci di potere, l'imposizione di «ciò che è mio» come assoluto, l'ingiuria per chi pensa in modo diverso: al sonno delle coscienze e all'abbandono. Solo la mistica genuina del comandamento dell'amore, costante, umile e senza pretese di vanità, ma ferma nelle sue convinzioni e nel suo darsi agli altri, potrà salvarci.

Maria di Luján, modello di amore, di amore silenzioso e paziente, ci accompagnerà sempre e ci benedirà ai piedi della nostra croce e nella luce della speranza.

25 maggio 2012

Le mani di Gesù e le mani nostre

La buona novella della moltiplicazione dei pani e dei pesci è uno di quei fatti che sono rimasti incisi per sempre nella memoria della Chiesa. Non ci stancheremo mai di ascoltare pieni di meraviglia ciò che accadde quella sera, il racconto di quel «gesto inedito» di Gesù. Fu una festa: una festa umile, una festa di fede. Umile perché c'erano solo pani e pesci, ma in tale abbondanza da destare lo stupore, la fede, il gusto di condividere la stessa mensa e sentirsi affratellati in quel pane. Non possiamo immaginarci quelle persone in altro modo che mentre spezzano stupefatte il pane e lo condividono piene di gioia con i vicini.

Il ricordo della moltiplicazione dei pani e dei pesci (insieme a quello delle nozze di Cana) ci è rimasto nel cuore come il Vangelo della sproporzione. Ciò che uscì dalle mani benedicenti del Signore fu una quantità smisurata di pane: i cinque pani diventarono cinquemila. Una sproporzione che superava ogni calcolo umano, quel calcolo «realistico», quasi matematico, che spingeva i discepoli a dire con scetticismo: dovremmo comprarne, per riuscire a sfamare tutta questa folla. Vi fu sovrabbondanza: tutti mangiarono fino a saziarsi. E perfino uno spreco: quello che avanzò riempiva dodici ceste. Uno spreco in cui niente andò perso, così differente dagli sprechi scandalosi a cui ci hanno abituato alcuni personaggi ricchi e famosi.

Il messaggio del Vangelo è chiaro, trasparente, caloroso e definitivo: dove è Gesù, le proporzioni umane scompaiono.

E, paradossalmente, la sproporzione di Dio è più umana (più realistica, più semplice, più vera, più realizzabile) dei nostri calcoli. La sproporzione di Dio è realistica e realizzabile perché guarda al calore del pane che invita a essere condiviso, e non alla freddezza del denaro che cerca la solitudine dei depositi.

Il miracolo dei pani e dei pesci non ha niente della soluzione magica. Al suo centro c'è Gesù stesso con le mani, per così dire, «in pasta». Un Gesù che si divide e si dona in ogni pane; un Gesù che allarga la sua tavola, quella che sta condividendo con i suoi amici, per far posto a tutto il popolo; un Gesù che è onnipotente con il pane e i pesci. Com'è bello guardare i segni umili, le cose piccole con cui opera Gesù: l'acqua, il vino, il pane e i pesci! Con queste cose umili è onnipotente il Signore. Le sue mani sono a proprio agio mentre benedicono e spezzano il pane. Oserei quasi dire che il Signore supera se stesso solo in quei gesti che può compiere con le sue mani: benedire, guarire, accarezzare, distribuire, tendere la mano e risollevare, lavare i piedi, mostrare le ferite, lasciarsi ferire. Il Signore non ha parole superflue né gesti ampollosi. Gesù vuole essere onnipotente nell'atto di spezzare il pane con le sue mani.

Il gesto del Signore è un «gesto inedito» perché il suo miracolo più bello lo spende in una cosa effimera come un pranzo di pani e pesci. Gesù scommette sulla crucialità delle cose elementari e quotidiane. Il gesto di Gesù è un «gesto inedito» perché è un gesto da onnipotente che ricorre alla mediazione dell'umile servizio delle sue mani insieme alle mani di tutti. Il miracolo dei pani e dei pesci è stato realizzato ecclesialmente da tutti quelli che stavano condividendo il loro pane.

Di questo miracolo della sproporzione, una bella immagine da custodire oggi nel nostro cuore è quella delle mani. La festa del Corpus Domini è la festa delle mani: le mani del Signore e le nostre mani. Quelle «sante e venerabili mani» di Gesù, mani piagate, che continuano a benedire e a distribuire il pane dell'eucaristia. E queste mani nostre, bisognose e peccatrici, che si tendono umili e aperte per ricevere con fede il corpo di Cristo.

Il pane divino trasformi le nostre mani vuote in mani piene, con quella misura «pigiata, colma e traboccante» che promette il Signore a chi è generoso con i suoi talenti. Il dolce peso dell'eucaristia lasci il suo marchio d'amore sulle nostre mani affinché, unte da Cristo, diventino mani che accolgono e danno rifugio ai più deboli. Il calore del pane consacrato ci bruci nelle mani con il desiderio concreto di condividere un dono così grande con coloro che hanno fame di pane, di giustizia e di Dio. Possa la tenerezza della comunione con quel Gesù che si mette senza riserve nelle nostre mani, con un autentico «gesto inedito», aprirci gli occhi del cuore alla speranza, per sentire presente il Dio che è «tutti i giorni con noi» e ci accompagna nel nostro cammino.

Chiedo a Maria, che profetizzò la moltiplicazione dei pani e dei pesci nel Magnificat, quando annunciò il Dio che «dispiega la forza del suo braccio ... colma di beni gli affamati e rimanda i ricchi a mani vuote», di intercedere presso suo Figlio affinché guardi ancora una volta con amore al nostro popolo che ha bisogno di compiere un «gesto inedito». Chieda Lei a Gesù, che sta in mezzo a noi, di darci ancora una volta con le sue mani il pane dell'eucaristia, affinché entriamo in comunione con Lui e impariamo a condividere come fratelli. Allora le nostre mani toccheranno la sproporzione di Dio e troveranno il coraggio di ricomporre quel «gesto inedito» che ci ispiri la generosità e ci liberi dalla disperazione.

16 giugno 2001

Il pane della vita per sempre

Nella festa del Corpus Domini ricordiamo l'intero tempo pasquale, che si concentra nella festa della carne e del sangue del Signore. La carne del Signore è la nostra carne risorta e portata nell'alto dei cieli. Un grande credente diceva: «Il Cielo è la sacra intimità del Dio santo». Ebbene, nella festa del Corpus Domini festeggiamo il luogo fisico in cui questa intimità sacra del Dio santo si apre a noi e ci si offre ogni giorno: l'eucaristia.

In questi tempi così difficili per la nostra patria, nei quali la bassezza morale sembra schiacciare e appiattire tutto, ci consola alzare gli occhi all'eucaristia e ricordare qual è la speranza alla quale siamo stati chiamati. Siamo invitati a vivere in comunione con Gesù: «Chi mangia la mia carne e beve il mio sangue dimora in me e io in lui». Il Signore ce l'ha comandato quando disse, durante l'ultima cena: «Fate questo in memoria di me».

Con le parole di Mosè che abbiamo ascoltato nella prima lettura, facciamo memoria: guardiamo indietro ricordando tutto quello che il Signore ha fatto per noi. In questa piazza che dovrebbe essere terra promessa, come spazio simbolico della nazione, e che a volte si trasforma in campo di battaglia e luogo deserto, le parole rivolte da Mosè al popolo risuonano con drammatico realismo alle nostre orecchie: «Ricordati di tutto il cammino che il Signore, tuo Dio, ti ha fatto percorrere in questi quarant'anni nel deserto, per umiliarti e metterti alla prova, per sapere quello che avevi nel cuore».

Mosè legge la storia del suo popolo, quei quarant'anni di apparente rovina, a partire dallo sguardo salvifico del Signore. Non ci sono decenni perduti agli occhi di Dio. Là nel deserto, proprio nel momento in cui il popolo non può trovare nulla a parte i propri limiti, il Signore gli fa dono di un alimento speciale: la manna, prefigurazione dell'eucaristia. Questo pane che viene dal cielo ha caratteristiche particolari: dura soltanto un giorno; bisogna condividerlo con gli altri, perché se avanza non serve più; ognuno raccoglie solo ciò di cui ha bisogno per la sua famiglia. La manna insegna al popolo a vivere «del nostro pane quotidiano».

Nel Vangelo, Gesù ci rivela che Lui è la manna, Lui è il «pane disceso dal cielo». Lui è il pane che dà vita, una vita che è per sempre: «La mia carne è vero cibo». Parecchi discepoli lo abbandonarono quel giorno, perché queste parole sembrarono loro molto dure. Volevano qualcosa di più concreto, una spiegazione migliore di come si possa vivere con quello che Gesù ci dice, con quello che Gesù ci dà. Pietro e gli apostoli scommisero invece sul Signore: «Da chi andremo? Solo tu hai parole di vita eterna». Anche noi, come popolo, ci troviamo in una situazione simile: una situazione di deserto, una situazione che ci richiede decisioni da cui dipende la nostra vita. Davanti al pane vivo, come popolo fedele di Dio, lasciamo che il Signore ci dica: Popolo mio, ricordati con quale pane ti nutre nostro Padre che sta in cielo, e quali sono i pani falsi con cui ti sei illuso e che ti hanno portato in questa situazione.

Ricordati che il pane del cielo è un pane vivo, che ti parla di semina e raccolto, perché è pane di una vita che deve morire per poter nutrire. Ricordati che il pane del cielo è un pane per ogni giorno, perché il tuo futuro è nelle mani del Padre buono e non solo in quelle degli uomini. Ricordati che il pane del cielo è un pane solidale che non deve essere accaparrato, ma condiviso e celebrato in famiglia. Ricordati che il pane del cielo è pane di vita eterna, e non un pane perituro. Ricordati che il pane del cielo viene spezzato affinché tu apra gli occhi della fede e non sia incredulo. Ricordati che il pane del cielo ti rende compagno di Gesù e ti fa sedere alla mensa del Padre, dalla quale nessuno dei tuoi fratelli è escluso. Ricordati che il pane del cielo ti fa vivere in intimità con il tuo Dio e in fratellanza con i tuoi fratelli. Ricordati che il pane del cielo, affinché tu ne potessi mangiare, è stato spezzato sulla croce e distribuito generosamente per la salvezza di tutti. Ricordati che il pane del cielo si moltiplica quando ti impegni a distribuirlo. Ricordati che il pane del cielo te lo benedice, te lo spezza con le sue mani piagate per amore e te lo serve il Signore stesso risorto. Ricordalo! Ricordalo! Non dimenticarlo mai!

Questa memoria del pane ci apre allo Spirito, ci fortifica, ci dà speranza. Questa speranza incrollabile di sedere un giorno alla mensa del banchetto celeste ci liberi dal desiderio di sedere al banchetto dei superbi e degli orgogliosi, quelli che non lasciano neppure le briciole per i più poveri. Il vivere nell'intimità sacra del Dio santo ci liberi dalle diatribe politiche fratricide che straziano la nostra patria. Possiamo noi, sazi del pane umile di ogni giorno, guarirci dall'avidità di denaro. Il lavoro quotidiano per il pane che dà vita eterna ci risvegli dal sogno vanitoso della ricchezza e della fama. Il sapore del pane condiviso ci riscuota dai toni maldicenti e lamentosi dei media. L'eucaristia celebrata con amore ci difenda da ogni mondanità spirituale.

Chiediamo alla Vergine la grazia di questa memoria. Nostra Signora è il paradigma dell'anima cristiana ed ecclesiale che «custodiva tutte queste cose, meditandole nel suo cuore». A lei chiediamo di ricordarci sempre dov'è il pane che ci dà vita e il vino che ci rallegra il cuore. Non smetta di ripeterci con la sua voce materna: «Qualsiasi cosa vi dica Gesù, fatela». Incida nel nostro cuore le parole di suo Figlio: «Fate questo in memoria di me».

1° giugno 2002

Siamo unti per ungere

L'immagine di Gesù unto e consacrato per ungere il suo popolo, a partire dai più bisognosi, ci riempie di speranza e traccia il cammino anche in questo momento di profonda crisi che attraversa la vita della nostra nazione. Il Padre unge suo Figlio con una unzione che lo rende uomo «per» gli altri. Lo unge per mandarlo ad annunciare la buona novella, lo unge per guarire, lo unge per liberare. E come non c'è niente nel Figlio che non proceda dal Padre, così non c'è niente in Lui che non sia «per» noi. Gesù è unto per ungere. E anche noi, suoi sacerdoti, siamo unti per ungere.

In questa scena c'è qualcosa di speciale che colpisce. Gesù legge Isaia, si siede e annuncia con solenne e semplice maestà: «Oggi si è compiuta questa Scrittura che voi avete ascoltato». Anche se il Signore aveva già insegnato nelle sinagoghe (*Lc* 4,15) e la sua fama si era diffusa in tutta la regione, è evidente che era appena all'inizio della sua missione. Com'è possibile allora parlare di compimento? Questo modo di parlare sconcertò i suoi compaesani, che lo sfidarono: quello che abbiamo udito che hai fatto a Cafarnao, fallo anche qui, nella tua terra (*Lc* 4,23). Come a dire: devi provare con nuovi miracoli che sei l'unto. La richiesta di ulteriori segni sarà una costante in coloro che rifiutano di credere in Gesù.

Colpisce anche noi il fatto che il Signore parli di compimento quando ha appena incominciato la sua missione; e non risuona a volte perfino dentro di noi quella richiesta disperata: perché non fai qui e ora i miracoli che abbiamo sentito dire hai compiuto allora? Questa frase ci allontana dallo stile dell'Unto: in Gesù le promesse si compiono ogni giorno, e quando non lo constatiamo o non riusciamo a vederlo, la frase evangelica dovrebbe piuttosto essere: «Credo, Signore, ma accresci la mia fede!».

Ciò che accade con l'eucaristia, che si rinnova ogni giorno nella povertà del pane, succede anche con la salvezza e la liberazione che ci dà il Signore. Possiamo dire che tutti i gesti dell'Unto, le sue parole di annuncio, i suoi atti di guarigione, la visione che ci comunica e la libertà che ci regala, hanno come caratteristica la povertà. Sono azioni e gesti poveri: bastano per l'oggi, e – nonostante la sua unzione sia stata «una volta per sempre» – richiedono rinnovamento costante, attualizzazione costante, radicamento costante nella povertà di ogni momento della nostra storia.

Così agisce Gesù. Per Lui curare un ammalato, oltre a guarirlo della sua particolare malattia, significa ungerlo affinché si converta, con il suo dolore di unto, in testimone dell'amore di Dio e partecipi della Passione salvifica del Signore. Per Gesù dare la vista ai ciechi non significa semplicemente far sì che possano vedere da soli i propri interessi senza l'aiuto degli altri. Dare la vista è ungere gli occhi affinché sbocci la fede e si fortifichi la pratica della carità, in virtù di quella gioia che dà il «vedere ciò che non si vede», vedere con speranza. Per Gesù liberare gli oppressi non ha come fine che, liberi da ogni peso, corrano soli nella vita e facciano carriera. Liberare da ogni schiavitù significa ungere affinché il peso unto diventi il peso salvifico della croce e affinché noi, liberi da ogni oppressione, ci facciamo carico della nostra croce con coraggio e seguiamo il Signore aiutando gli altri a portare la loro.

Quello che voglio dire è che l'unzione va a toccare la parte più intima della persona, e non tanto «le cose» su cui ricade. La profondità e l'efficacia dell'unzione del Signore non si misurano con la quantità di miracoli che può compiere, né dall'estensione della sua predicazione, e nemmeno dalla durezza della sua sofferenza. La profondità, che arriva fino al midollo, e l'efficacia che fa sì che Lui, nella sua totalità, sia salvezza per chi gli si avvicina, hanno radici nell'unione intima e nell'identificazione completa con il Padre che l'ha mandato. E proprio l'unzione con cui Gesù vive la sua unità con il Padre fa sì che ogni suo gesto sia di compimento. L'unzione è ciò che trasforma il suo tempo in Kairós, tempo di grazia permanente.

La missione si compie «oggi» perché il Signore non solo dà il pane, ma si fa Lui stesso pane. La liberazione che Lui dona agli oppressi si compie «oggi» perché il Signore non solo perdona «lavando le macchie» di vestiti altrui, ma «si fa Egli stesso peccato», si sporca, si ricopre di piaghe, e così si rimette nelle mani del Padre, che lo accetta. La buona novella si compie «oggi» perché il Signore non solo annuncia che prenderà misure, ma è Lui stesso la misura che ci permette di vedere con la luce racchiusa in ogni sua parola.

Anche noi, cari fratelli nel sacerdozio, siamo unti per ungere. Unti, ossia uniti fin dentro il midollo a Gesù e al Padre. Come il battesimo, l'unzione sacerdotale opera dall'interno verso l'esterno. Al contrario di quanto sembra, il sacerdozio non è una grazia che viene da fuori e che non penetra mai fino in fondo nel nostro cuore di peccatori. Siamo sacerdoti nella parte più intima, sacra e misteriosa del nostro cuore, lì dove siamo figli grazie al battesimo e dimora della Trinità. Il nostro sforzo morale consiste nell'ungere, con quell'unzione profondissima, i nostri gesti quotidiani e più pubblici, in modo che tutta la nostra vita si trasformi, con la nostra collaborazione, in ciò che già siamo per grazia.

Unti per ungere, vale a dire per incorporare ogni persona in questa unione con il Padre e il Figlio in uno stesso Spirito. Possa l'unzione sacerdotale trasformarci in pane, mentre ungiamo il pane quotidiano consacrandolo in ogni eucaristia e condividendolo in modo solidale con i nostri fratelli. L'unzione sacerdotale ci faccia diventare uomini pieni di tenerezza, mentre ungiamo con un balsamo il dolore degli ammalati. L'unzione sacerdotale ci liberi dai nostri peccati mentre ungiamo con lo Spirito del perdono i peccati dei nostri fratelli e li aiutiamo a portare la loro croce. L'unzione sacerdotale ci renda luce del mondo mentre predichiamo con unzione il Vangelo, come ci ha comandato il Signore, insegnando a custodire tutto quello che Lui ci ha detto. L'unzione sacerdotale unga il nostro tempo e l'uso che ne facciamo, affinché diventi «tempo di grazia» per i nostri fratelli, mentre seguiamo – al ritmo ecclesiale del breviario – il corso normale della vita che il Signore ci dà.

Nel clima di mancanza di credibilità in cui viviamo, nel quale ogni personlità pubblica è messa quotidianamente sotto esame, non ci accada quello che accadde ai compatrioti del Signore. Non cerchiamo né esigiamo altra credibilità se non quella che viene dall'unzione di Cristo. Come dice Giovanni: «L'unzione che avete ricevuto da lui rimane in voi e non avete bisogno che qualcuno vi istruisca ... la sua unzione vi insegna ogni cosa ed è veritiera e non mentisce» (*1Gv* 2,27). Solo ciò che si vive e si compie con unzione è degno di fede. Maria, che fu la prima a sperimentare nella pienezza la presenza dell'Unto dentro di sé, ci trasmetta la gioia della sua visione colma di speranza, e con la sua tenerezza ecclesiale ci dischiuda la sfera in cui – attraverso le nostre mani – l'unzione di Dio passi al suo popolo fedele.

28 marzo 2002

La fragilità che diventa fortezza

«Spezzò il pane e lo diede loro.» Il racconto dell'ultima cena è sempre commovente. E ancor più quando lo ascoltiamo nella festa solenne del Corpus Domini. Riuniti in questa plaza de Mayo, davanti alla nostra cattedrale, chiamati da tutte le parrocchie, in famiglia, come popolo di Dio, le parole di Gesù, i gesti del Signore ci toccano il cuore nel profondo: «Mentre mangiavano, Gesù prese il pane, recitò la benedizione, lo spezzò e, mentre lo dava ai discepoli, disse: "Prendete, mangiate: questo è il mio corpo"».

Il Signore si è appena confidato con i suoi discepoli, ha aperto il suo cuore dicendo che uno di loro lo tradirà. Uno che intinge il pane nel suo stesso piatto. Ma invece di continuare a parlare del tradimento, Gesù si concentra sull'alleanza che vuole stringere con noi. Mi piacerebbe che ci soffermassimo per momento su questa immagine di Gesù che distribuisce il pane che ha benedetto e che sta spezzando. È un'immagine di fragilità. Una fragilità amorevole e condivisa.

Il Giovedì Santo noi sacerdoti abbiamo chiesto la grazia di «curare la fragilità del nostro popolo», facendo offerta santa della nostra stessa fragilità. Il 25 maggio abbiamo chiesto per tutti, come nazione, la grazia di «caricarci la patria sulle spalle» seguendo i passi di Gesù buon samaritano, che si carica sulle spalle le nostre fragilità. Oggi il Vangelo ci regala un'immagine più profonda: quella della fragilità non come ferita, non come debolezza di cui si deve far carico il più forte, bensì della fragilità necessaria perché ci sia vita: la fragilità amorevole dell'eucaristia.

«Fragile» è «ciò che si spezza facilmente». E l'immagine evangelica che abbiamo davanti è quella del Signore che «si fa in pezzetti»... di pane e si dà. Nel pane spezzato – fragile – si cela il significato della vita. Della vita di ogni persona, di ogni famiglia e della patria intera.

Che cosa curiosa! La frammentazione è ciò che percepiamo come il pericolo più grande per la nostra vita sociale, oltre che per la nostra vita interiore. Invece, in Gesù, questo frammentarsi sotto forma di morbido pane è il suo gesto più vitale, più aggregante: per darsi interamente deve dividersi in pezzi! Nell'eucaristia, la fragilità è fortezza. Fortezza dell'amore che si fa debole per poter essere ricevuto. Fortezza dell'amore che si divide per nutrire e dare vita. Fortezza dell'amore che si frammenta per essere condiviso nella solidarietà. Gesù che spezza il pane con le sue mani! Gesù che si dà nell'eucaristia!

Questa fragilità amorevole del Signore racchiude una buona novella, un messaggio di speranza per noi. Il dono generoso e totale di sé che Gesù ha voluto fare per salvarci è rimasto conservato e protetto nell'eucaristia, contro tutti i tentativi di manipolazione da parte degli uomini: di Giuda, dei sommi sacerdoti e degli anziani, del potere romano e anche di tutti i travisamenti perpetrati nel corso della storia. Durante la cena, con la lavanda dei piedi e con l'eucaristia, si è chiarito il messaggio dell'alleanza: Gesù non vuole essere altro che pane di vita per gli uomini. A chi non ha vissuto questa alleanza, le scene della Passione potrebbero far pensare che il sangue del Signore sia andato sprecato, che il suo corpo, appeso alla croce, sia stato sacrificato invano. Viceversa, per chi è in comunione con lui, questo Gesù trafitto e dissanguato è più intero e vivo che mai. Già nell'ultima cena c'è speranza di risurrezione.

Il gesto di Gesù di spezzare il pane – fragile e tenero – è diventato il segno per riconoscere il Risorto: «L'avevano riconosciuto nello spezzare il pane». Anche per noi è il segno per credere in Gesù risorto. «Questo è il sacramento della nostra fede» diciamo dopo la consacrazione, e mostriamo la fragilità del pane, corpo di Cristo, spezzato e separato dal sangue del Signore contenuto nel calice. Questo è il segno, affinché crediamo che il Signore si è sacrificato per noi. E nell'assumerlo con fede ci dà vita, ci unisce in intimità con Lui e con il Padre, ci compone interiormente, ci rende un solo corpo con gli altri nella Chiesa. Mentre contempliamo l'eucaristia, crediamo. Questa è la forza che ha la fragilità del pane, il sacramento della nostra fede, finché il Signore tornerà fra noi.

Volgiamo ora lo sguardo alla fragilità del nostro popolo. Con Gesù, la nostra fragilità acquista un significato nuovo. È vero che la fragilità ci espone a varie tentazioni: la tentazione di vivere in balia di umori mutevoli, la tentazione di illuderci con qualsiasi promessa di soluzioni che migliorino anche solo un poco le cose, la tentazione di restarcene isolati e frammentati ognuno nella propria debolezza. È vero – non possiamo negarlo – che la fragilità istiga i violenti a spogliare i più deboli. Ma è anche vero, una verità più profonda, che la fragilità del nostro popolo è frutto della sua mansuetudine, del suo desiderio di pace, di quella tenacia – che a volte sembra ingenua – di rinnovare sempre e ancora le proprie speranze. È una fragilità evangelizzata, nella quale c'è molto della mansuetudine e della fiducia di quel Gesù che ci è stato annunciato qui, nella nostra patria, più di cinquecento anni fa e che ha condiviso la nostra storia. Per questo, insieme a Gesù, vogliamo essere un popolo che prende il pane con le mani, lo benedice, lo spezza e lo distribuisce. Al Signore che si divide in pezzi per darsi intero a ciascuno di noi chiediamo di ricomporci come persone, come Chiesa e come società.

Contro la frammentazione che deriva dall'egoismo, gli chiediamo la grazia della fragilità amorevole che viene dal darsi. Contro la frammentazione che ci rende paurosi e aggressivi, gli chiediamo la grazia di essere come il pane che si spezza affinché sia sufficiente per tutti. E non solo perché sia sufficiente, ma anche per la gioia di condividerlo e scambiarlo. Contro la frammentazione di starsene ognuno isolato e immerso nei propri interessi, gli chiediamo la grazia di essere interi, ciascuno al proprio posto, lottando per ciò che è di tutti, per il bene comune. Contro la frammentazione che nasce dallo scetticismo e dalla diffidenza, chiediamo al Signore la grazia della fede e della speranza, che ci porta a spenderci e a darci fino in fondo, confidando in Lui e nei nostri fratelli.

Nostra Madre e Signora, la Vergine santissima, che ha convissuto con la fragilità di Gesù, che l'ha curata nel bambino e l'ha sostenuta quando ha preso il corpo di suo Figlio dalla croce, ci mostri il segreto di guardare con fede ogni fragilità umana e di curarla con carità, perché da lì, grazie alla presenza reale di Gesù nell'eucaristia, sboccia l'autentica speranza.

21 giugno 2003

Gesù e le folle

In questo passo del Vangelo (*Lc* 9,10-17) risuona con particolare insistenza una parola, per noi carica di sfumature: «la folla». Il brano comincia dicendo che il Signore «prese a parlare loro del regno di Dio».
Dopo essere sfuggito a quelli che volevano lapidarlo, il Signore va a parlare al popolo semplice. Spesso il Vangelo ci mostra Gesù in mezzo alla gente: lo seguiva una «grande moltitudine di popolo», e il Signore parlava a lungo con le persone, le curava, le accoglieva, sceglieva tra loro i suoi apostoli, che inviava a sua volta perché stessero in mezzo a quella folla.
Oggi vorrei soffermarmi a considerare insieme a voi questo rapporto così speciale che Gesù ha con la folla. La gente lo segue e lo ascolta perché sente che parla in un modo diverso, con l'autorità che deriva dall'essere autentici e coerenti, privi di ambiguità o secondi fini. C'è gioia e allegria, quando ascolta il Maestro. La gente benedice Dio quando Gesù parla, perché il suo discorso include tutti, ne fa persone e li rende popolo di Dio. Avete notato che solo gli scribi e i farisei, che Gesù taccia di ipocrisia, chiedono sempre «a chi dici questo?», «lo dici per noi?», «guarda che dicendo questo, tu offendi anche noi!». La gente non fa di queste domande; anzi, vuole, desidera che la parola sia per lei. Sa che è una parola che fa bene, che guarisce, migliora, purifica chi dice «questo è per me». È curioso: mentre alcuni non apprezza-

no che il Signore parli per parabole, la gente beve le sue parabole e le trasmette, di bocca in bocca; accoglie tutto: il contenuto e lo stile di Gesù. È assetata di questa parola nuova, assetata di Vangelo, assetata della parola di Dio.

Seguendo il Signore quella sera, la folla s'inoltra con lui in una zona deserta, senza rendersi conto dell'ora e della distanza. I discepoli si preoccupano: «Congeda la folla»; al che Gesù ribatte subito: «Date loro da mangiare».

In questo momento, il momento di mangiare, la folla smette di essere anonima e diventa, secondo il calcolo dei discepoli, «circa cinquemila *uomini*». Gesù dice loro: «Fateli sedere a *gruppi* di cinquanta circa». In realtà, il Signore usa un'espressione equivalente a «in tavolate da cinquanta persone». (*Klisía* è il «letto dove un gruppo si sdraia per mangiare».) Tavole da cinquanta invitati, in mezzo ai quali si mette il cibo, di cui tutti si servono.

Questa tavola è già un'immagine del regno. Gesù torna a usarla nella parabola dei servi che vegliano e aspettano che il padrone torni dalle nozze. Per quelli che troverà svegli, Gesù dice che lui stesso «si stringerà le vesti ai fianchi, li farà mettere a tavola e passerà a servirli».

Comincia qui a operare la forza inclusiva dell'eucaristia, che trasforma la folla in gruppi di comunità, la cui misura è data dal fatto che si possa condividere il pane.

E la folla viene menzionata ancora una terza volta. Dopo che è stata organizzata in tal modo, in quella misura umana così familiare che trasforma un gruppo in una comunità di compagni, ecco che allora il Signore prende i cinque pani e i due pesci, li benedice alzando gli occhi al cielo, li spezza e li dà ai discepoli perché li distribuiscano alla folla.

Quella folla è già una folla trasformata, fatta di persone, resa famiglia. Tale comunità è il contesto in cui avvengono la benedizione e il miracolo. In questa comunità tutto basta per tutti, e avanza: «Tutti mangiarono a sazietà e furono portati via i pezzi loro avanzati: dodici ceste».

Ancora una volta, Gesù in mezzo a noi, folla, ci sprona: organizzatevi in comunità sulla misura del pane. Organizzatevi così come fate nelle case di riposo per anziani, nelle mense scolastiche, nelle case di accoglienza, nelle feste di quartiere, nelle cooperative di lavoro, presso la Caritas, nelle parrocchie.

La misura sia data dal «poter condividere il pane».

Organizzatevi in modo che non sia nemmeno necessario contare i bambini o gli anziani, perché sono già compresi laddove può mangiare chi provvede al sostentamento della casa.

Purtroppo, oggi le statistiche conteggiano separatamente i bambini e gli anziani, e parlano anche di «individui disoccupati». I numeri del Signore sono diversi: Lui ha di mira la comunità e la solidarietà, vede «tavolate da cinquanta», gruppi di familiari e amici, come quelli che si riuniscono nelle feste, nelle celebrazioni religiose: da lì parte il Signore per organizzare la sua comunità, la sua Chiesa. Da lì dobbiamo partire noi per organizzare la parrocchia, il quartiere e la patria.

Solo Gesù ci vede così. Solo il suo pane vivo ha la forza di rendere coesa la folla in quel modo. Solo la forza della sua morte sulla croce per farsi pane è in grado di convertire le folle in comunità. E dunque gli chiediamo:

> Signore, dacci sempre di questo pane!
> Vogliamo essere una comunità che condivide il pane che hai benedetto e distribuito.
> Vogliamo essere una comunità che si organizza secondo il tuo stile, per permettere a te di servirci e trasformarci.
> Non vogliamo mangiare da soli il nostro pane: né quello della fede, né quello del lavoro.
> Non vogliamo «congedare» le folle che, quando si riuniscono, ti cercano e ti desiderano, spesso anche senza saperlo.
> Non vogliamo accettare con rassegnazione le statistiche che considerano già fuori gioco tanti nostri fratelli.
> Vogliamo seguirti e riceverti e condividerti, ciascuno seduto «alla sua tavolata da cinquanta persone».

Vogliamo essere comunità che vivono di questa forza che dà l'eucaristia, per annunciare con la nostra vita, più che a parole, quella verità del Vangelo che è trascendente perché parla di qualcosa che travalica l'individualismo, di un regno che è già in mezzo a noi quando ci riuniamo a condividere il pane nel tuo nome, Signore.

A nostra Madre, a Maria, che si accorge quando manca il vino, quel vino che è la gioia e la speranza che riunisce «tavolate da cinquanta», quel vino che è il vino della festa e che dà senso a tutto il resto del lavoro e della fatica, chiediamo che con il suo cuore di Madre ci faccia sentire e vivere nella comunità del pane vivo e del vino nuovo che suo Figlio ci ha donato e che oggi adoriamo e celebriamo con fervore.

12 giugno 2004

La grazia del coraggio apostolico

La preoccupazione pastorale dello scorso anno di «curare la fragilità del nostro popolo» ci induce a pregare e a chiedere al Signore con semplicità di servi: dove portiamo la fragilità che siamo andati a cercare e che stiamo curando? Qual è la grazia che ti dobbiamo chiedere per prenderci cura in modo adeguato dei più vulnerabili, i tuoi prediletti?

Richiamiamo oggi nel nostro cuore lo sguardo del Signore nelle tante occasioni in cui, commosso, si fermava a osservare la fragilità del suo popolo. La compassione profonda di Gesù non era qualcosa che lo facesse ripiegare su se stesso, non era una compassione paralizzante, come spesso succede a noi, ma tutto l'opposto: era una compassione che lo spingeva a uscire da sé con forza, con audacia, per annunciare, per inviare in missione, per mandare a guarire, come dice il brano del Vangelo che abbiamo appena letto.

Vediamo il Signore che assume con audacia la missione di evangelizzare. Prestiamo attenzione ai verbi che il Signore prende da Isaia: «annunciare» (*euangelizein*) e «predicare» (*keryssein*), due azioni che compie per impulso dello Spirito che lo unge per la sua missione. Notiamo, per esempio, quello che dice degli «oppressi»: non si tratta semplicemente di liberare dei prigionieri! Il Vangelo dice che il Signore viene «per inviarli [*aposteilai*] in missione liberati dalla loro schiavitù». Tra quegli stessi che prima erano prigionieri, il Signore sceglie i suoi inviati. Nostro Signore Gesù Cristo fa irruzione nella nostra storia – contrassegnata dalla vulnerabilità – con un dinamismo inarrestabile, pieno di forza e coraggio. Questo è il kerigma, il nucleo della nostra predicazione: la proclamazione chiara e decisa di questa irruzione di Gesù Cristo incarnato, morto e risorto, nella nostra storia. Nell'analisi che Gesù fa della situazione del mondo non c'è nulla di dolente, nulla di paralizzante; al contrario: è un invito fervente all'azione. E l'audacia più grande sta proprio nel fatto che si tratta di un'azione inclusiva, nella quale si unisce ai più poveri, agli oppressi, ai ciechi, ai piccoli del Padre. Si unisce a loro rendendoli partecipi della buona novella, partecipi della sua visione nuova delle cose, partecipi della missione di includere altri, una volta liberati. Potremmo dire, nel linguaggio attuale, che Gesù non ha affatto una visione «assistenzialista» della fragilità. Il Signore non viene a guarire i ciechi perché possano vedere lo spettacolo mediatico di questo mondo, ma affinché contemplino le meraviglie che Dio compie in mezzo al suo popolo. Il Signore non viene a liberare gli oppressi – per le loro colpe e per quelle del sistema ingiusto – perché stiano meglio, ma per mandarli in missione. Il Signore non annuncia un anno di grazia perché ognuno, guarito dal male, si prenda un anno sabbatico, ma perché, con Lui in mezzo a noi, viviamo la nostra vita partecipando attivamente a tutto ciò che ci rende degni figli del Dio vivo.

Il Signore, quando guarda la nostra fragilità, ci invita a curarla non con timore ma con audacia. «Abbiate coraggio: io ho vinto il mondo!» «Io sono con voi tutti i giorni, fino alla fine del mondo.» Per questo la consapevolezza della propria fragilità, umilmente confessata da Pietro, non suscita nel Signore un invito al ripiegamento, ma lo spinge a inviare Pietro in missione nel mondo, a esortarlo a prendere il largo, a trovare il coraggio di farsi pescatore di uomini. La profonda vulnerabilità del suo popolo fedele, che riempie il Signore di compassione, non lo induce a un calcolo prudente delle nostre possibilità limitate, come gli suggeriscono gli apostoli; li spinge invece alla fiducia illimitata, alla generosità e a spendersi senza riserve nell'annuncio evangelico, come accadde nella moltiplicazione dei pani e dei pesci. La consegna del Signore risorto, che suggella il Vangelo, è in consonanza con il passo che abbiamo letto oggi, che lo inaugura: «Andate dunque e fate discepoli tutti i popoli, battezzandoli ... insegnando loro a osservare tutto ciò che vi ho comandato» (*Mt* 28,19-20).

L'audacia e il coraggio apostolico sono costitutivi della missione. La parresia è il sigillo dello Spirito, testimonianza dell'autenticità del kerigma e dell'annuncio evangelico.

È quell'atteggiamento di «libertà interiore» che ci fa dire apertamente ciò che bisogna dire; quel sano orgoglio che ci porta a «gloriarci» del Vangelo che annunciamo; quella fiducia indistruttibile nella lealtà del Testimone fedele, che dà ai testimoni di Cristo la sicurezza che niente li può separare dall'amore di Dio (*Rm* 8,38 sgg.). Se noi pastori abbiamo questo atteggiamento, allora la fragilità del nostro popolo sarà ben curata e guidata. Questa è dunque la grazia che vogliamo chiedere al Signore per prenderci cura della fragilità del nostro popolo: la grazia dell'audacia apostolica, un'audacia forte e fervida nello Spirito.

La chiediamo con umiltà e fiducia a Nostra Signora. A lei che è stata chiamata «la prima evangelizzatrice». A lei, la donna eucaristica che ci consegna a Cristo, che ci esorta a fare «tutto quello che ci dice Gesù». Lei è la prima a sperimentare dentro di sé la gioia di andare nel mondo a evangelizzare, e per prima partecipa della straordinaria audacia del Figlio, e contempla e annuncia come Dio «spiega la potenza del suo braccio, disperde i superbi nei pensieri del loro cuore, rovescia i potenti dai troni e innalza gli umili, ricolma di beni gli affamati e rimanda i ricchi a mani vuote». In quanto sacerdoti della santa Chiesa, siamo invitati a partecipare di questa audacia di Maria. A questa gioia evangelica – che è la nostra forza – dobbiamo condurre la fragilità del nostro popolo che andiamo a cercare. Ecco la buona novella: noi, poveri, fragili e vulnerabili, piccoli come siamo, siamo stati guardati, come lei, benevolmente nella nostra piccolezza, e siamo parte di un popolo su cui si diffonde, di generazione in generazione, la misericordia del Dio dei nostri padri.

8 aprile 2004

Il «sì» che apre alla speranza

Il «sì» di Maria apre a un lungo cammino: quello del Figlio di Dio in mezzo a noi. Oggi comincia questo camminare del Signore che «passò facendo del bene», guarì le nostre ferite con le sue piaghe, annunciò il nostro trionfo con la sua risurrezione. Gesù cammina in mezzo al suo popolo già nel grembo di sua Madre; vuole seguire tutti i nostri passi, anche il cammino del bambino che deve nascere. Si è fatto uguale a noi in tutto tranne che nel peccato. Questo avvenimento cambia radicalmente l'esistenza umana. Il Signore assume la nostra vita e la innalza all'ordine soprannaturale. La presenza del Verbo di Dio fatto carne trasforma, senza negarla, l'intera sfera umana, la eleva, la pone nella dimensione del regno di Dio. Così Gesù, per il fatto di nascere, illumina anche la vita della persona nel ventre della madre. A partire dalla nostra fede – attraverso il mistero dell'Incarnazione del Verbo – ciò che è umano, ciò che è nell'ordine della legge naturale, acquisisce la nuova dimensione soprannaturale che, senza negare la natura, la perfeziona, la porta alla sua pienezza.

Questo avvenimento ci fa considerare da una nuova prospettiva l'origine e lo sviluppo della nostra vita, e nel caso specifico, Cristo nel grembo di Maria è la chiave ermeneutica per capire e interpretare il cammino, la vita e i diritti del nascituro, per comprendere in modo più chiaro quello che già ci dice al riguardo la legge naturale.

Gesù si fa bambino. Gesù comincia come ogni bambino e si integra nella vita di famiglia. La tenerezza della madre nei confronti di questo figlio in arrivo, la speranza del padre (adottivo, in questo caso) che ha scommesso sul futuro della promessa, il paziente crescere ogni giorno un po' di più, fino al momento di vedere la luce, tutte queste cose che accadono nella gestazione dei bambini acquistano con Gesù un nuovo significato, che illumina la comprensione del mistero dell'uomo e segna la nostra esistenza con valori che sbocciano in atteggiamenti: tenerezza, speranza, pazienza. Senza questi tre atteggiamenti (tenerezza, speranza, pazienza) non si può rispettare la vita e la crescita del nascituro. La tenerezza ci impegna, la speranza ci lancia verso il futuro, la pazienza accompagna la nostra attesa nel lento passare dei giorni. E i tre atteggiamenti costituiscono una sorta di castone per quella vita che giorno dopo giorno cresce.

Se mancano questi tre atteggiamenti, il bambino diventa un «oggetto», lontano da suo padre e da sua madre, e molte volte «qualcosa» che dà fastidio, un intruso nella vita degli adulti, che vogliono vivere tranquilli, ripiegati su se stessi in un egoismo paralizzante. Nel grembo di sua Madre, Gesù accetta di correre tutti i rischi dell'egoismo. Appena nato, ha dovuto patire la persecuzione di Erode che «uccideva i bambini nella loro carne perché nel suo cuore lo uccideva la paura». Anche oggi i bambini, e i bambini che stanno per nascere, sono minacciati dall'egoismo di chi soffre nel proprio cuore l'ombra della disperazione, la disperazione che semina paura e spinge a uccidere. Anche oggi la nostra cultura individualista rifiuta di essere feconda, si rifugia in un permissivismo che livella verso il basso, benché il prezzo di questa non-fecondità sia sangue innocente. Anche oggi subiamo l'influenza di un teismo biodegradante di ciò che è umano, di quel teismo spray che ha la pretesa di supplire alla grande Verità: «Il Verbo si è fatto carne». Anche oggi la proposta culturale di ripiegarsi su se stessi in una dimensione egoisticamente individualista si costruisce a spese dei diritti delle persone, dei bambini. Sono i tratti dell'Erode moderno.

L'incarnazione del Verbo, Gesù bambino che deve nascere dentro il ventre di Maria, ci invita ancora una volta al coraggio. Non vogliamo degradarci in una cultura facilona che ci annulla e che finisce sempre per essere – poiché a poco a poco uccide – cultura di morte. Vogliamo rivendicare la presenza di Cristo già nel grembo di sua Madre, presenza che rimette al suo posto la realtà del nascituro. È qui che affonda le radici il nostro «sì» alla vita, un «sì» motivato dalla vita che ha voluto condividere con noi Colui che è il nostro cammino. In Cristo, la centralità dell'uomo come capolavoro della creazione arriva alla pienezza. Partecipando di questa pienezza, comprendiamo in modo più profondo il mistero dell'uomo dall'istante del suo concepimento, e l'ordine deontologico naturale che ne regola la vita.

In questo giorno dell'Incarnazione del Verbo voglio chiedere a nostra Madre, la Vergine Maria, di metterci accanto a Gesù. Faccia crescere nei nostri cuori atteggiamenti di tenerezza, di speranza e di pazienza affinché custodiamo ogni vita umana, specialmente la più fragile, la più emarginata, la più indifesa. Così sia.

25 marzo 2004

Il lieto annuncio della notte santa

Nacque una notte, fu annunciato di notte ad «alcuni pastori che vegliavano ... facendo la guardia al loro gregge» (*Lc* 2,8), si mise in fila con «il popolo che camminava nelle tenebre...», con «coloro che abitavano in terra tenebrosa» (*Is* 9,1). E fu luce, «una grande luce» (*Is* 9,1) che si rovescia sopra la fitta tenebra, luce che avvolge tutto: «e la gloria del Signore li avvolse di luce» (*Lc* 2,9). Così la liturgia di oggi ci presenta la nascita del Salvatore: come luce che circonda e penetra ogni oscurità. È la presenza del Signore in mezzo al suo popolo, presenza che annulla il peso della sconfitta, la tristezza della schiavitù, e semina la gioia. «Non temete: ecco, vi annuncio una grande gioia, che sarà di tutto il popolo: oggi, nella città di Davide, è nato per voi un Salvatore, che è Cristo Signore» (*Lc* 2,10-11). «È nato per voi»: sì, nasce per tutto il popolo, nasce per l'intera storia in cammino, nasce per ognuno di noi. Non è un annuncio da bollettino statistico. È un annuncio che tocca il nucleo stesso della storia e avvia un modo diverso di camminare, un modo diverso di capire, un modo diverso di esistere: camminare, capire ed esistere accanto a «Dio con noi».

Sono passati molti secoli da quando l'umanità ha incominciato a oscurarsi. Penso a quel pomeriggio in cui fu commesso il primo crimine e il coltello di Caino falciò la vita di suo fratello (*Gen* 4,8). Sono passati molti secoli di crimini, guerre, schiavitù, odio. E quel Dio che aveva seminato la sua speranza nella carne dell'uomo, fatto a sua immagine e somiglianza, continuava a sperare. Le speranze di Dio! Avrebbero avuto motivi per dissiparsi. Ma Lui non poteva: era per così dire «schiavizzato» dalla sua fedeltà, il Dio fedele non poteva rinnegare se stesso (*2Tm* 2,13). E quel Dio continuava a sperare. Le sue speranze, radicate nella sua fedeltà, erano custodite dalla pazienza. La pazienza di Dio di fronte alla corruzione dei popoli e degli uomini! Solo un piccolo seguito, «umile e povero», che si rifugiava nel nome del Signore (*Sof* 3,12), accompagnava la sua pazienza in mezzo alle tenebre, condivideva con lui le sue prime speranze.

E, in questo avanzare della storia, quella notte di esplosione di luce in mezzo alle tenebre ci dice che Dio è Padre e non perde mai la speranza. Le tenebre del peccato e della corruzione di secoli non bastano per deluderlo. Ecco l'annuncio di questa notte: Dio ha un cuore di Padre e non rinnega le sue speranze nei confronti dei suoi figli. Il nostro Dio non perde la speranza, non se lo concede. Non conosce il disprezzo e l'impazienza; semplicemente aspetta, aspetta sempre come il padre della parabola (*Lc* 15,20), e sale continuamente sulla terrazza della storia per scorgere in lontananza il ritorno dei figli.

Quella notte, nella quiete e nel silenzio di quel piccolo seguito di giusti, i figli cominciano a tornare, e lo fanno nel Figlio che ha accettato di essere loro fratello per accompagnarli nel cammino. Quel Figlio di cui l'angelo aveva detto a san Giuseppe che avrebbe salvato il suo popolo «dai suoi peccati» (*Mt* 1,21). Tutto è tenero, piccolo, silenzioso: «Un bambino è nato per noi, ci è stato dato un figlio» (*Is* 9,5); «Questo per voi il segno: troverete un bambino avvolto in fasce, adagiato in una mangiatoia» (*Lc* 2,12). Il regno dell'apparenza, autosufficiente ed effimero, il regno del peccato e della corruzione, le guerre e l'odio di secoli e di oggi deflagrano nella mansuetudine di questa notte silenziosa, nella tenerezza di un bambino che concentra in sé tutto l'amore, tutta la pazienza di Dio che non si concede il diritto di perdere la speranza. E insieme al bambino, proteggendo e nutrendo le speranze di Dio, c'è la Madre; sua Madre e nostra Madre che, tra carezze e sorrisi, non smette di dirci, nel corso della storia: «Qualsiasi cosa vi dica, fatela» (*Gv* 2,5). Ecco ciò che vorrei condividere con voi oggi nella pace di questa notte santa: il nostro Dio è Padre, non perde la speranza. Attende fino alla fine. Ci ha dato suo Figlio come fratello affinché camminasse con noi, affinché fosse luce in mezzo all'oscurità e ci accompagnasse nell'attesa della «beata speranza» definitiva (*Tt* 2,13). Il nostro Dio, quel Dio che ha seminato le sue speranze in noi, che non si concede di perdere le speranze nella sua opera, è la nostra speranza. Come gli angeli ai pastori, oggi vorrei dirvi: «Non abbiate timore». Non abbiate timore di nessuno. Lasciate che vengano le piogge, i terremoti, i venti, la corruzione, le persecuzioni al «seguito» dei giusti... (*Mt* 7,24-25). Non abbiate timore, fintanto che la nostra casa è costruita sulla roccia di questa convinzione: il Padre aspetta, ha pazienza, ci ama, ci manda suo Figlio perché cammini insieme a noi; non abbiate timore, fintantoché ci basiamo sulla convinzione che il nostro Dio non perde la speranza e ci aspetta. Ecco la luce che brilla questa notte. Con questi sentimenti vi auguro un buon Natale.

25 dicembre 2005

Ricordo del testimone fedele Giovanni Paolo II

La Vergine Maria si unisce alla lunga fila di uomini e donne nella storia che hanno detto «sì» a Dio e che hanno portato avanti nella loro vita quell'atteggiamento di obbedienza. Una fila di uomini e donne che è cominciata il giorno in cui nostro padre Abramo uscì di casa senza sapere dove andava. Obbedì e credette. E oggi, solennità dell'Incarnazione del Verbo, anche il Figlio di Dio comincia questo cammino storico. Va, al fianco del Padre, per fare la sua volontà.

«Tu non hai voluto sacrificio né oblazione, ma mi hai preparato un corpo ... Allora io ho detto: ecco, vengo, per fare la tua volontà.» E Maria dice a sua volta: sia fatta in me la tua volontà. Atteggiamento obbediente di un uomo in cammino, di una donna in cammino, di colui che comincia a percorrere il cammino; e nel caso del Signore, atteggiamento obbediente profetizzato da Isaia: «Guardate, la Vergine concepirà e darà alla luce un figlio e lo chiamerà con il nome di Emmanuele che significa Dio con noi».

Dio si inserisce in questa carovana umana, entra in questo cammino e continua ad avanzare insieme a noi; Dio si infila nelle fenditure della nostra esistenza, è dei nostri. Il Verbo è unto, e prima di essere unto con l'olio dell'elezione è unto con la nostra carne, «per fare la tua volontà», e così ha inizio il cammino di Cristo. «Per fare la tua volontà»; e alla fine, nelle ore più critiche della sua vita, sul punto di essere catturato, sente quella profonda agonia, nella solitudine del Monte degli Ulivi e nella solitudine del suo cuore: «Padre, non sia fatta la mia, ma la tua volontà». Coerenza obbediente di una vocazione. Coerenza di colui che si sente chiamato e obbedisce a questa chiamata e cammina seguendo questa chiamata, ed è uno che cammina insieme a noi. La vicinanza, la prossimità di Dio che cammina con noi.

Io sono stato inviato, sono stato unto con il crisma della gioia, dice il Signore. Per liberare i prigionieri, per dare la vista ai ciechi, per curare i lebbrosi, per risollevare i deboli in ginocchio. Unto per camminare insieme a tutte le limitazioni umane, a tutti i piaceri umani, a tutte le miserie umane; unto con l'autorità del servizio di colui che è venuto a camminare, a essere Emmanuele, Dio in mezzo a noi per servirci. L'attitudine obbediente di Cristo – «Un corpo ... mi hai preparato ... Ecco, io vengo per fare, o Dio, la tua volontà» (*Eb* 10,67) – è il midollo della coerenza, e non intendo soltanto della coerenza cristiana, ma della coerenza umana. E oggi, nella solennità dell'Annunciazione del Signore, celebriamo questa coerenza.

Dio ha voluto essere coerente e traccia per noi il cammino della coerenza. Maria è coerente e traccia per noi il cammino della coerenza, fa quello in cui crede, annuncia quello in cui crede, compie quello in cui crede. Una coerenza non solo trascendentale, ma anche dentro se stessa. Cristo pensa coerentemente perché pensa quello che sente e quello che fa. Sente coerentemente perché sente quello che pensa e quello che fa. Opera coerentemente perché fa quello che sente e quello che pensa. Coerenza obbediente, coerenza trasparente, coerenza che non ha niente da nascondere, coerenza che è pura bontà e che vince il male con quel bene coerente di essersi offerto «per fare la tua volontà», come dice al Padre.

E in questa festa dell'Annunciazione del Signore ricordiamo un altro grande coerente. Diceva la scrittrice argentina di cui abbiamo letto un brano all'inizio della messa: con quest'uomo coerente «finisce il XX secolo». Giovanni Paolo II fu semplicemente coerente, non ingannò mai, non mentì mai, non ricorse mai a trucchi. Giovanni Paolo comunicava con il suo popolo con la coerenza di un uomo di Dio, con la coerenza di chi tutte le mattine trascorreva lunghe ore in adorazione, e adorando si lasciava armonizzare dalla forza di Dio. La coerenza non si compra, la coerenza non si studia in nessuna facoltà universitaria. La coerenza si coltiva nel cuore con l'adorazione, con l'unzione al servizio degli altri e con la rettitudine. Senza menzogne, senza inganni, senza doppiezza. Gesù disse una volta di Natanaele, che gli veniva incontro: «Ecco qui un israelita retto, senza doppiezza». Penso che si possa dire lo stesso di Giovanni Paolo II, il coerente. Coerente perché si lasciò cesellare dalla volontà di Dio. Si lasciò umiliare dalla volontà di Dio. Lasciò che nella sua anima crescesse quell'atteggiamento di obbedienza che ebbe nostro padre Abramo e poi tutti quelli che lo seguirono.

Ricordiamo un uomo coerente che una volta ci disse che questo secolo non ha bisogno di maestri, ha bisogno di testimoni, e colui che è coerente è un testimone. Un uomo che mette la sua carne sul fuoco, e avvalla con la sua carne e con la sua intera esistenza, con la sua trasparenza, ciò che predica.

Nel giorno in cui proclamiamo questa coerenza obbediente nell'Incarnazione del Verbo, guardiamo a quest'uomo coerente. Questo coerente che per pura coerenza si è sporcato le mani, ci ha salvato da un massacro fratricida; questo coerente che amava prendere in braccio i bambini perché credeva nella tenerezza. Questo coerente che più di una volta fece venire a sé gli uomini della strada – che qui da noi chiamiamo *linyeras* (barboni) – dalla plaza Risorgimento, per parlare con loro e per donare loro una nuova condizione di vita. Questo coerente che, appena si ristabilì, chiese il permesso di andare in carcere a parlare con l'uomo che aveva tentato di ucciderlo.

È un testimone. Concludo ripetendo le sue parole: «Ciò di cui ha bisogno questo secolo non sono maestri, sono testimoni». E nell'incarnazione del Verbo, Cristo è il testimone fedele. Oggi vediamo in Giovanni Paolo II un'imitazione di questo testimone fedele. E siamo grati che abbia concluso la sua vita così, coerentemente, che abbia terminato la sua vita essendo semplicemente questo: un testimone fedele.

4 aprile 2005

L'«oggi» di Gesù

«Oggi si è compiuta questa Scrittura che voi avete ascoltato.» Mi colpisce molto l'«oggi» di Gesù, quell'oggi così unico in cui l'attesa millenaria e paziente del popolo di Israele si concentra sull'Unto per tornare a espandersi nel tempo della carità e dell'annuncio evangelico della Chiesa. Vogliamo chiedere al Signore la grazia di curare come Lui la fragilità del nostro popolo; l'anno scorso gli chiedevamo di mandarci a cercare il nostro popolo con audacia apostolica. Vorrei che ci soffermassimo per qualche momento a sentire come questa fragilità e questa audacia sono contenute nell'«oggi» di Gesù. Questo «oggi» di Gesù è «kairós», tempo di grazia, fonte di acqua viva e di luce, che scaturisce dal Verbo eterno fatto carne, carne con storia, con cultura, con tempo.

La Chiesa vive nell'oggi di Gesù, e questa messa crismale, preludio alla Pasqua, che ci riunisce come un unico corpo sacerdotale nello spazio santo della nostra cattedrale, è una delle espressioni più piene dell'oggi di Gesù, quell'oggi perenne dell'ultima cena, fonte di perdono, di comunione e di servizio. Lui è con noi, ci annuncia la sua parola, ci libera dalle nostre schiavitù, benda i nostri cuori feriti... Soltanto nell'oggi di Gesù è ben curata la fragilità del nostro popolo fedele. Soltanto nell'oggi di Gesù l'audacia apostolica è efficace e dà frutto.

Al di fuori di questo oggi – al di fuori del tempo del regno, tempo di grazia, di buone novelle, di libertà e di misericordia – gli altri tempi, il tempo della politica, il tempo dell'economia, il tempo della tecnologia, tendono a trasformarsi in tempi che ci divorano, ci escludono e ci opprimono. Quando i tempi umani perdono la sintonia e la tensione con il tempo di Dio, diventano strani: ripetitivi, paralleli, troppo corti o infinitamente lunghi. Diventano tempi le cui scadenze non sono umane: le scadenze dell'economia non tengono conto della fame o della mancanza di scuole per i bambini, né della triste situazione degli anziani; il tempo della tecnologia è così istantaneo e carico di immagini che non lascia maturare il cuore e la mente dei giovani; il tempo della politica sembra a volte circolare come quello di una giostra, dove ad afferrare il premio sono sempre gli stessi. Invece l'oggi di Gesù, che a prima vista può sembrare noioso e poco emozionante, è un tempo in cui si celano tutti i tesori della saggezza e della carità, un tempo ricco di amore, ricco di fede, ricchissimo di speranza.

L'oggi di Gesù è un tempo che ha memoria, memoria di famiglia, memoria di popolo, memoria di Chiesa in cui è vivo il ricordo di tutti i santi.

La liturgia è l'espressione di questa memoria sempre viva. L'oggi di Gesù è un tempo carico di speranza, di futuro e di cielo, di cui possediamo già un acconto, e lo viviamo in anticipo in ogni consolazione che il Signore ci dona. L'oggi di Gesù è un tempo in cui il presente è un appello costante e un invito rinnovato alla carità concreta del servizio quotidiano ai più poveri, che riempie il cuore di gioia. In quell'oggi vogliamo andare incontro al nostro popolo, ogni giorno.

Nell'oggi di Gesù non c'è spazio per il timore di conflitti, né per l'incertezza, né per l'angoscia. Non c'è spazio per il timore di conflitti, perché nell'oggi del Signore «l'amore vince la paura». Non c'è spazio per l'incertezza, perché il Signore è con noi «tutti i giorni fino alla fine del mondo», l'ha promesso e noi sappiamo «in chi abbiamo confidato». Non c'è spazio per l'angoscia, perché l'oggi di Gesù è l'oggi del Padre, che «sa molto bene di che cosa abbiamo bisogno», e nelle sue mani sentiamo che «a ciascun giorno basta la sua pena». Non c'è spazio per l'inquietudine, perché lo Spirito ci fa dire e fare quello che è necessario nel momento opportuno.

L'audacia del Signore non si limita a gesti puntuali o straordinari. È un'audacia apostolica che si lascia modellare, per così dire, da ogni fragilità, dal tempo di ogni fragilità. E la guida come un pastore fino a condurla dentro il tempo di Dio. Questo oggi di Gesù crea lo spazio dell'incontro e ne scandisce i momenti. Per andare incontro alla fragilità del nostro popolo, prima dobbiamo entrare noi in questo tempo di grazia del Signore. Nella nostra preghiera, in primo luogo, deve fortificarsi il cuore, nel sentire che sta vivendo il compimento delle promesse. Allora sì che potremo andare nel mondo con audacia, fiduciosi nella Provvidenza, realmente aperti agli altri, senza i paraocchi dei nostri interessi personali, ma desiderosi di fare gli interessi del Signore.

Ma un modo di entrare nel tempo del Signore consiste anche nell'uscire da noi stessi ed entrare nel tempo del nostro popolo fedele. Il nostro popolo fedele vive l'oggi di Gesù molto più di quanto a volte si creda. E contribuisce grandemente al fervore spirituale e alla fiducia in Dio il fatto che, in quanto pastori, ci lasciamo modellare il cuore in mezzo alle fragilità del nostro popolo e dal suo modo di farsene carico. Lasciarsi modellare il cuore significa, per esempio, saper leggere, nelle richieste semplici e insistenti del nostro popolo, la testimonianza di una fede capace di concentrare tutta la sua esperienza dell'amore che Dio ha per lui nel gesto semplice di ricevere una benedizione (è bello come sa gradire la benedizione, il nostro popolo fedele!). Lasciarsi modellare il cuore significa saper leggere nei tempi lunghi della nostra gente, tra confessione e confessione, per esempio, un ritmo di vita da pellegrini, di ampio respiro, scandito dalle grandi feste... sapervi leggere, intendo dire, una speranza che mantiene intatto il filo conduttore dell'amore di Dio per un anno intero, senza lasciarsi sconvolgere dalle vicissitudini della vita. Perché nel cuore del nostro popolo è sempre attuale l'annuncio dell'angelo: «Non temete: ecco, vi annuncio una grande gioia, che sarà di tutto il popolo: oggi, nella città di Davide, è nato per voi un Salvatore, che è Cristo Signore» (*Lc* 2,10). L'oggi di Gesù che nasce in mezzo al suo popolo è l'oggi del Padre che gli dice: «Tu sei mio figlio, oggi ti ho generato» (cfr. *Eb* 5,1-6).

Entriamo, dunque, nell'oggi salvifico di Gesù che ci dice: «Oggi si è compiuta questa Scrittura che voi avete ascoltato». Entriamo nell'oggi del nostro popolo fedele. Sentendoci uniti a Gesù, al buon Pastore, andiamo incontro al nostro popolo. A curare, con Gesù, la sua speranza, con le buone novelle del Vangelo di ogni giorno. A curare, con Gesù, la sua carità, liberando prigionieri e oppressi. A curare, con Gesù, la sua fede, restituendo la vista ai ciechi.

Chiediamo a san Giuseppe, giacché quest'anno la sua festa ci ha fatto entrare nella Settimana Santa, di farci entrare attivamente e contemplativamente nell'oggi di Gesù, il Figlio adottivo che egli ha contribuito a crescere. San Giuseppe ha avuto la grazia di entrare per primo in quell'oggi di Gesù che era già entrato in Maria, e di vedere come quel bambino cresceva in età, sapienza e grazia. San Giuseppe sa curare con coraggio quelle fragilità – quella di Maria, quella del bambino – che finiscono per fortificare la sua. Ci conceda questa grazia.

24 marzo 2005

L'incontro che dà inizio al cammino

Il Vangelo ci dipinge con tratti vividi le circostanze semplici e sorprendenti in cui il Signore volle concentrare i preparativi dell'ultima cena. A partire da quella notte santa, tutta la nostra vita ruota intorno alle parole d'amore incondizionato di Gesù: «Prendete e mangiate, questo è il mio corpo». Il corpo e il sangue del Signore... in sacrificio per noi!

Insieme ai discepoli e a Gesù, il Vangelo di oggi ci invita a percorrere due cammini: uno conduce all'eucaristia, l'altro parte da essa. Quello che conduce all'eucaristia è cammino di incontro. Quello che parte da essa è cammino di speranza.

Il cammino che conduce all'eucaristia comincia quel giorno con una domanda: «Dove vuoi che prepariamo per te, perché tu possa mangiare la Pasqua?». Questo i discepoli chiedono al Signore, e lui li manda in città dicendo loro di seguire l'uomo con una brocca d'acqua che incontreranno come per caso. È un cammino che sembra incerto, e tuttavia è sicuro. Il Signore dice loro di seguire uno sconosciuto in mezzo alla folla della grande città, ma ha previsto e pianificato tutto. Il Maestro conosce fin nell'ultimo dettaglio il piano alto della locanda in cui si offrirà come pane per la vita del mondo.

I discepoli si misero in cammino, obbedienti nella fede. Magari scambiandosi un'occhiata d'intesa prima di iniziare questa specie di caccia al tesoro proposta dal Signore. Il Vangelo ci dice che «trovarono tutto come Gesù aveva detto». Il Signore faceva di queste cose: faceva intraprendere un cammino, incerto per l'inviato, ma da lui previsto, in modo che alla fine si coniugassero l'obbedienza del discepolo e la sapienza del Maestro. Lo fece con Pietro, quando lo mandò a pescare un pesce e a prendere dal suo ventre la moneta per pagare la tassa per il Tempio. Lo fece con i discepoli, quando ordinò loro di tirare la rete dalla parte destra, o di contare quanti pani e quanti pesci avevano a disposizione. «Diceva così per metterlo alla prova; egli infatti sapeva quello che stava per compiere» ci dice Giovanni (*Gv* 6,6).

Come la commemorazione nella notte di Pasqua: qualcosa di nuovo è accaduto nel percorso dell'umanità dal giorno in cui Abramo cominciò a camminare nella fede «senza sapere dove andava». Obbedì e fu giustificato. Anche a noi accade la stessa cosa: quando camminiamo seguendo come i discepoli le sue istruzioni, quando ci lasciamo «condurre spiritualmente» dal Signore, i nostri cammini ci conducono all'eucaristia, al pane dell'incontro, della verità e della vita.

Dopo aver dato loro l'eucaristia, il Signore parla di un nuovo cammino, un cammino che è in continuità con il precedente ma è di largo respiro, perché punta al cielo. È il cammino verso il banchetto celeste che avrà luogo nella casa del Padre, il banchetto in cui lo stesso Gesù ci farà sedere alla tavola e ci servirà. E per farci capire che siamo in cammino verso il regno, il Signore usa un'immagine: dice che non berrà più del frutto della vite finché non berrà il vino nuovo nel regno di Dio. Si apre così un tempo intermedio, il tempo della Chiesa in pellegrinaggio verso il cielo, dove l'ha preceduta il suo buon Pastore. Cammino di speranza, cammino verso ciò che non vediamo ma di cui cogliamo le primizie nell'eucaristia. Nella comunione ci sentiamo sicuri del fatto che il Signore c'è e ci attende.

Due cammini, dunque, e in entrambi è protagonista il pane. Il cammino quotidiano, attraverso le cose di tutti i giorni, in mezzo alla città, che termina nell'eucaristia fraterna, nella messa. E il lungo cammino di tutta la vita, della storia intera, che terminerà anch'esso nella comunione con il

Signore, nel banchetto del cielo, nella casa del Padre. L'eucaristia è il respiro e la ricompensa di entrambi i cammini.

L'eucaristia quotidiana è il pane di vita che rinnova le forze e pacifica il cuore, il pane dell'unico sacrificio, il pane dell'incontro. Ma è anche pane della speranza, il pane spezzato che ci apre gli occhi affinché vediamo meravigliati il Risorto che è stato al nostro fianco in incognito tutto il giorno, per tutta la vita. Pane che accende il fervore del cuore e ci fa correre alla nostra missione nella grande comunità; pane àncora che strattona il cuore verso il cielo e risveglia nei figlioli prodighi la fame del Dio più grande, il desiderio della casa paterna.

La certezza di questo pane di vita è per noi chiara. Per questo amiamo l'eucaristia e l'adoriamo. Per questo somministriamo la prima comunione ai nostri figli. Le difficoltà sono lungo il cammino. Nella quotidianità, una difficoltà può essere quella dell'incontro mancato: non troviamo l'uomo con la brocca – la brocca di acqua viva, immagine dello Spirito Santo che ci guida – e ci perdiamo per le vie della città, tra le mille circostanze mutevoli della vita. E che quindi il giorno non finisca nell'eucaristia che ci ha preparato il Signore, ma per mancanza di tempo, per distrazione o per qualche problema, finisca perché è finito, con noi spossati dalla fatica, privi di riferimento a Dio. Se non c'è incontro con Gesù, la nostra vita diventa inconsistente, perde di significato. Il Signore tiene preparata un'eucaristia – un incontro – ogni giorno, per noi, per la nostra famiglia, per tutta la Chiesa. E il nostro cuore deve imparare a aderire a questa eucaristia quotidiana – sintetizzata nella messa domenicale – in modo che ogni giorno sia «salvato», benedetto, trasformato in offerta gradita, posto nelle mani del Padre, come ha fatto Gesù con il suo carico di amore e di croce.

La difficoltà del cammino lungo, quello che ci conduce al regno definitivo, può essere lo sconforto, quando «la promessa si diluisce nella quotidianità della vita». Che si raffreddi il fervore della nostra speranza, quella brace che riscalda con la carità i nostri gesti quotidiani. Possiamo camminare anche senza la speranza, ma diventiamo a poco a poco freddi, indifferenti, concentrati in noi stessi, distanti, scostanti. Ci darà forza assaporare lungo il cammino il pane della speranza grande, della speranza di un banchetto finale, di un incontro con un Padre che ci aspetta a braccia aperte, ci trasforma il cuore e lo sguardo e riempie di un senso diverso la nostra vita. Quando Paolo ci dice che dobbiamo pregare in ogni momento, ci sta parlando di questa preghiera: di gustare il pane della speranza in ogni momento. La tentazione può essere quella contraria, di masticare gli acini agri e le amarezze della vita, invece del pane di Dio; quel pane che Maria «ruminava» nel suo cuore, guardando suo Figlio e guardando la storia di salvezza con il sapore della speranza.

La speranza è il grande respiro che il Signore ci dà per il cammino. Camminando con essa, il nostro popolo assapora il pane della speranza, intorno a essa il nostro popolo mangia con gusto il pane dell'incontro, l'eucaristia, Cristo vivo.

Perciò chiediamo oggi a Maria queste due grazie: quella di mangiare ogni giorno insieme con i nostri fratelli il pane dell'incontro nell'eucaristia, e quella di camminare nella vita gustando sempre questo pane della speranza grande, il pane del cielo. Possa Maria, che diede la propria carne al Verbo eterno perché lui potesse darla a noi come cibo di vita eterna, risvegliare in noi l'amore per l'eucaristia, per il corpo di Cristo, pane di vita.

17 giugno 2006

La misericordia, volto dell'amore

La prima lettura di oggi (*Rm* 11,29-36) comincia con un'affermazione netta, un vero e proprio dogma di fede, «i doni e la chiamata di Dio sono irrevocabili!» (v. 29), affermazione che ci fa penetrare nell'intimità dell'essere di Dio: la sua fermezza che è fedeltà anche in mezzo alla nostra incostanza, alle nostre debolezze e ai nostri peccati: «Se siamo infedeli, lui rimane fedele, perché non può rinnegare se stesso» (*2Tm* 2,13). Dio fedele nell'amore, Dio fedele nella promessa. Nel passo che abbiamo appena letto, questa fedeltà si esprime in termini di misericordia. In soli tre versetti viene ripetuta quattro volte questa parola, posta al centro del comportamento conflittuale degli uomini di fronte alla promessa di Dio. Per dimostrare il suo profondo essere fedele, Dio agisce con misericordia, in misericordia.

La misericordia di Dio non può essere considerata come uno dei tanti attributi del suo modo di comportarsi nei nostri confronti, ma costituisce la sfera stessa del suo incontro con ciascuno, con tutti noi, con il suo popolo. È il modo più genuino in cui si esprime la sua fedeltà, e la più grande manifestazione del suo potere, come ci ricorda la Chiesa: «Dio, che manifesti il tuo potere soprattutto nella misericordia e nel perdono», un potere ancora più grande di quello della creazione, perché quella misericordia lo porterà a farsi lui stesso creatura, ad abbassarsi, all'umiliazione massima (*Fil* 2,6-11), per dar luogo all'incontro d'amore con il suo popolo, con ciascuno dei suoi figli.

In teoria non è facile capire in che cosa consista questa fedeltà amorosa che si esprime in misericordia, questo disegno misericordioso; anzi, è impossibile. «Quanto insondabili sono i suoi giudizi e inaccessibili le sue vie! Infatti, chi mai ha conosciuto il pensiero del Signore?» (*Rm* 11,33). Non siamo in grado di comprenderla con la forza del nostro discernimento. La possiamo soltanto contemplare nella debolezza della nostra carne, perché questa fedeltà amorosa si è fatta appunto carne per poter affiorare in misericordia. «Non siate presuntuosi», ci viene detto in un versetto precedente (*Rm* 11,25). La misericordia, più che capirla, la incontriamo a partire dalla nostra nullità, dalle nostre miserie, dai nostri peccati. Paolo è eloquente in proposito: «Rendo grazie a colui che mi ha reso forte, Cristo Gesù Signore nostro, perché mi ha giudicato degno di fiducia mettendo al suo servizio me, che prima ero un bestemmiatore, un persecutore e un violento. Ma mi è stata usata misericordia ...» (*1Tm* 1,12-13). Dalla sua ripugnante bassezza sente di essere trattato con misericordia, si sente accarezzato dalla fedeltà di Dio che lo cerca, lo aspetta e fa festa al suo incontro.

Sì, nel Vangelo Dio si rivela facendo festa proprio all'incontro con ciò che era perduto, in disparte, con ciò che si era autoescluso: la pecora, la moneta, il figlio (*Lc* 15). È lui stesso, con il suo cuore fedele, che organizza i festeggiamenti, nella figura dell'uomo che prende del vino per festeggiare con i suoi amici il ritrovamento della pecora; nella figura della donna che chiama le vicine non per parlare male di quella che non c'è, ma per raccontare loro che – dopo aver rovistato la casa – ha trovato la moneta; nella figura del padre che «vede arrivare da lontano» suo figlio appunto perché saliva ogni momento sulla terrazza ad aspettarlo, quel padre che con un abbraccio zittisce il racconto che il figlio si era preparato: niente parole, solo la tenerezza e la festa di Dio. Quando Paolo ci dice «mi è stata usata misericordia», si riferisce a tutto questo traboccare di amore e fedeltà festosi che si verifica nell'incontro del Signore con il nostro peccato. Il cuore di Maria comprende tutto questo e proclama la grandezza della fedeltà di Dio che «ha guardato l'umiltà della sua serva» (*Lc* 1,48). Colei che non conosceva peccato si fa piccolissima e scruta con candore di bambino il mistero, e ci annuncia «di generazione in generazione la sua misericordia per quelli che lo temono» (*Lc* 1,50).

Nella preghiera menzionata prima, la Chiesa proclama che Dio manifesta il suo potere più nel perdono e nella misericordia che nella creazione. La Bibbia ci dice che nella creazione Dio ci impastò e plasmò con le sue mani dal fango della terra; nel perdono, in cambio, ci plasma e impasta dal fango dei nostri peccati, e lo fa con il suo cuore fedele all'amore che non può smentirsi, proprio perché nella fedeltà ha ipotecato il suo cuore. Si manifesta più potente nel redimere che nel creare. Nel suo perdono possiamo scorgere un altro aspetto della sua misericordia, di cui non sempre teniamo conto: la sua pazienza. Dio ci aspetta con pazienza quotidianamente rinnovata, come il padre attende il figlio della parabola. Ed è ancora san Paolo a rivelarci questo mistero: «Questa parola è degna di fede e di essere accolta da tutti: Cristo Gesù è venuto nel mondo per salvare i peccatori, il primo dei quali sono io. Ma appunto per questo ho ottenuto misericordia, perché Cristo Gesù ha voluto in me, per primo, dimostrare tutta quanta la sua magnanimità» (*1Tm* 1,15-16). La magnanimità di Dio che attende l'incontro, che ci attrae a sé «con vincoli d'amore» (*Os* 11,4), impastando il nostro essere dal fango dei nostri peccati, dandoci forma e nome con la forza della sua misericordia: creandoci di nuovo e, se posso forzare la lingua, «misericordiandoci» (*miserando*).

Così, «misericordiando», il Signore guardò Matteo, Zaccheo, il lebbroso, il cieco, il paralitico della piscina (che lo aspettò paziente per trentotto anni), la samaritana, Pietro dopo che l'ebbe rinnegato tre volte. Così è la misericordia di Dio che si fa pazienza, si fa carne in Cristo e in lui si manifesta infine come mansuetudine, poiché la lingua eminentemente pastorale della misericordia e della pazienza di Dio è la mansuetudine.

Durante questi giorni avremo momenti di dialogo e momenti di preghiera; cercheremo la volontà di Dio per la nostra missione di pastori. Penso che ci farà bene, a noi vescovi peccatori, addentrarci in questo mistero della fedeltà divina; ci farà bene confessare al Padre la nostra debolezza, il nostro peccato, le nostre miserie e – a partire da lì – scorgere il donarsi totale e creatore della sua misericordia (*Ef* 1,7-8), i secoli di pazienza condensati su ciascuno di noi. Ci farà bene lasciarci impastare, ri-formare dalla sua misericordia; lasciarci «misericordiare» dalla sua tenerezza fedele. Ci farà bene riempire i nostri occhi di contemplazione davanti alla mansuetudine silenziosa di suo Figlio fatto oggetto di scherno, mistificazione, oltraggio e calunnia (*Mt* 26,63; *Mc* 15,16; *Lc* 23,9; *Gv* 19,8). L'immagine del «Signore della pazienza» racchiude in sé tutta la misericordia divina e si fa mansuetudine pastorale nei nostri confronti e – tramite noi – nei confronti dei nostri fedeli. Possiamo noi comprendere, nella contemplazione di questo «Signore della pazienza», che cosa significa «voglio l'amore e non il sacrificio» (*Os* 6,6) e trovare il coraggio affinché le cure pastorali di noi vescovi siano un «cantare in eterno l'amore del Signore» (*Sal* 89,1).

5 novembre 2007

Il senso della benedizione

La liturgia di oggi ci parla di benedizione. Gesù, prendendo i cinque pani e i due pesci (che gli aveva offerto un bambino, forse venditore ambulante), levò gli occhi al cielo, pronunciò su di essi la benedizione, li divise e li diede ai suoi discepoli perché li distribuissero tra la gente. Questa benedizione, questa parola buona, ebbe un effetto moltiplicatore: il pane benedetto bastò per tutti. Tempo dopo, durante la prima eucaristia, la stessa benedizione del Signore sul pane e sul vino avrebbe avuto un effetto trasformatore. Da quella sera, il pane e il vino consacrati sono il corpo e il sangue di Cristo, pane di vita e calice di benedizione che condividiamo (*1Cor* 10,16).

L'Antico Testamento ci racconta che la benedizione di Dio viene da lontano: Melchìsedek benedisse Abramo, offrendogli il pane e il vino. La scena di Melchìsedek che benedice il patriarca è molto bella, ci ricorda che in Abramo sarebbero state «benedette tutte le nazioni. Di conseguenza, quelli che vengono dalla fede sono benedetti insieme ad Abramo, che credette» (*Gal* 3,8-9), come ci dice Paolo. Questa benedizione la condividiamo con tutti i credenti, con tutte le persone di fede e con tutta la gente di buona volontà, che crede in Dio (che non vediamo) e crede nel prossimo (che invece vediamo), e lo dimostra con atti di preghiera, di apertura al mistero del trascendente e con opere di rispetto, di giustizia, di pace, di solidarietà e di dialogo. La benedizione in Abramo ci unisce all'immensa maggioranza dell'umanità e ci separa dai pochi che, invece di benedire, maledicono con parole e gesti di violenza, di esclusione, di ingiustizia e di menzogna.

Benedire si compone di due parole: «bene» e «dire», dire bene a un altro. La benedizione è sia parola sia dono. È bene-dire* donando realmente; le due cose insieme. La benedizione non significa «belle parole». È una parola che si dice con amore, imponendo a volte le mani sopra la testa, segnando la fronte con la croce, donando un bene. La benedizione trasforma le cose e ci apre gli occhi al loro significato profondo: quando si benedice il pane, ci si rende conto che non è soltanto un prodotto di consumo, ma il frutto del lavoro che si condivide con affetto familiare, sia alla tavola di casa sia alla mensa, sia sull'altare quando diventa il corpo di Cristo.

La benedizione è parola piena di buoni auspici per l'altro, sia in avanti che all'indietro: parola che racchiude buoni auspici per il futuro e gratitudine per ciò che si è ricevuto e condiviso. Per questo benedice colui che dà, affinché il dono arrivi all'altro moltiplicato e trasfigurato da quel buon auspicio che riempie di amore ciò che si dona. Per questo benedice colui che riceve, esprimendo la sua gratitudine per il dono ricevuto e condiviso. Parola e dono vanno insieme. Si possono dire fandonie e dare cose fasulle, ma quando ci sentiamo di accompagnare il nostro gesto con una benedizione, lo Spirito s'impadronisce delle situazioni e pone il suo sigillo di autenticità. Per questo è così bello il gesto di benedire. Il nostro popolo fedele ama le benedizioni. Le benedizioni grandi e durature come quella del battesimo e quella delle fedi matrimoniali, e le benedizioni «piccole», se si possono chiamare così, come quella dell'acqua, del rosario, delle imaginette.

Benedire è qualcosa che manca sempre di più nella nostra vita come comunità. Bene-dirci le cose buone che ci diamo. Il fatto di non bene-dirci le cose in pubblico è forse

---

* Nell'originale, *decir bien*, letteralmente «dire bene»; vedi anche oltre, *decirnos bien*, «dirci bene», tradotto con «bene-dirci».

uno dei nostri difetti. Perché in ambiti più personali o amichevoli e familiari, abbiamo di solito un buon dialogo. Invece facciamo fatica nel dialogo pubblico: nel bene-dirci le cose istituzionalmente, davanti a tutti, per il bene di tutti.

Abbiamo anche bisogno di bene-dirci le cose che ci hanno dato i nostri avi: benedire il nostro passato, non maledirlo. Ciò che è stato peccato e ingiustizia deve essere anch'esso benedetto con il perdono, il pentimento e la riparazione. E ciò che è stato buono deve essere benedetto con il riconoscimento e il ringraziamento propri di chi sa apprezzare la vita che ci è stata data, la terra che abbiamo ricevuto. Benedire il passato significa parlare bene di Dio, dei nostri padri e dei nostri nonni. Essere grati per ciò che ci hanno dato, anche con le loro imperfezioni e i loro peccati, significa essere ben nati. Tuttavia, quel che si è ricevuto è molto. Chi maledice il passato lo fa perché sta di certo progettando di ricavare qualche vantaggio nel presente o nel futuro, un vantaggio che non sarà una benedizione per altri.

Abbiamo anche bisogno di benedire il presente, di parlare bene gli uni degli altri. Non per adularci, ma cercando ciò che costruisce, che unisce, il bene che condividiamo e che supera i diversi punti di vista ed è bene comune.

Abbiamo bisogno di benedire il futuro, di benedirlo con gesti di lavoro i cui frutti non saranno per noi, ma per i nostri figli. È quanto fece nostro padre Abramo, che seppe festeggiare da lontano le promesse e si rallegrò al pensiero della venuta di Gesù, il Benedetto che avrebbe concentrato in sé tutte le benedizioni antiche e sarebbe diventato la fonte di tutte le benedizioni future.

Guardiamo alla Vergine Maria. È Madre e bene-dice le cose, sia a suo Figlio sia a noi, i suoi altri figli, il suo popolo fedele. A Gesù bene-dice i nostri bisogni, che non abbiamo vino, come a Cana; a noi bene-dice di fare tutto quello che ci dice il Signore. E così, attraverso le sue labbra benedicenti, cresce la nostra unione con Gesù, e il Signore fa miracoli con le cose, trasforma l'acqua in vino e moltiplica i pani. Chiediamo oggi a nostra Signora di essere presente in questa eucaristia del Corpus Domini, contribuendo al dialogo benedetto tra Gesù e il suo popolo, affinché entriamo in comunione con Lui e in Lui riceviamo vita. E che questa comunione con Lui, e questa vita che Lui ci dà, ci spronino ad aprire il cuore per ereditare la benedizione di Dio, nostro Padre, e per poterci – a nostra volta – benedire come fratelli.

9 giugno 2007

La mansuetudine sacerdotale

La prima lettura di oggi (*Tt* 1,1-9) è una corrispondenza tra pastori. San Paolo, che lasciò Tito a Creta «perché tu metta ordine in quello che rimane da fare e stabilisca alcuni presbìteri in ogni città» (v. 5), gli ricorda quale deve essere il profilo del pastore, di colui che è mandato a presiedere una comunità, non in qualità di referente o capo, ma come «amministratore di Dio» (v. 7). Fin dall'inizio della lettera vuole mettere bene in chiaro che il pastore amministra in nome di Dio, amministra le cose di Dio. Perché non si tratta di una gestione meramente umana: presiedere una comunità è un'azione intimamente legata a Dio. È Lui a scegliere e a inviare, è Lui a stabilire le regole del lavoro. Ciascuno dei membri della comunità entra in relazione con il pastore in quanto persona che viene da Dio ed è familiare con le cose di Dio. La deferenza e il rispetto che il santo popolo fedele di Dio prova per il pastore trascendono quest'ultimo e si rivolgono al Signore, che è colui che riunisce la sua Chiesa. Ne consegue che un rapporto sano e autentico fra il pastore e il suo popolo non può prescindere da questa sfera religiosa che, senza toccare i normali rapporti umani, si riferisce sempre al Signore di tutti, che chiama tutti e invia tutti.

Al pastore san Paolo chiede di essere «irreprensibile». In questa parola si concentra non solo l'assenza di colpevolezza, ma anche la presenza di virtù conformi al disegno originario voluto dal Signore per la conduzione della sua Chiesa.

Concretamente, gli dice che deve essere «ospitale, amante del bene, assennato, giusto, santo, padrone di sé» (v. 8). Con poche parole raccomanda a Tito un modo di comportarsi e di affrontare l'opera pastorale che poggia su quella grande virtù che si comprende soltanto nella contemplazione della persona del Signore: la mansuetudine sacerdotale. Atteggiamento che riunisce, accoglie, attrae, pacifica, armonizza, fa crescere, sa aspettare i tempi stabiliti da Dio per ciascuno. Atteggiamento che si esprime in gesti di misericordia, in principi di misericordia, e si incarna in uomini con viscere di misericordia. Atteggiamento che può nascere e crescere solo in un cuore umile, un cuore consapevole di essere stato – e di essere continuamente – salvato, in modo gratuito, dalla sola misericordia del Signore.

La mansuetudine che san Paolo chiede al sacerdote non va confusa con un permissivismo indolente che si trasforma in *laissez-faire* presuntuoso; non è la ricerca della pace a ogni costo, perché il cuore irenista che agisce così è pieno di ansie e di paure, è codardo; non si tratta nemmeno di timidezza naturale o caratteriale che si rifugia per paura in un'aura di «beatitudine psicologica», senza farsi carico delle tempeste che bisogna affrontare per difendere e far crescere il gregge. Al contrario, la mansuetudine sacerdotale è forte, non mercanteggia la verità, non mistifica il cuore del pastore, è coraggiosa e guida con somma tenerezza. Il pastore conduce il suo gregge con e attraverso la sua mansuetudine, e inoltre – proprio a partire da questa virtù – fortifica la dottrina e corregge gli errori, perché la mansuetudine lo serba fermamente «fedele alla Parola, degna di fede, che gli è stata insegnata, perché sia in grado di esortare con la sua sana dottrina e di confutare i suoi oppositori» (v. 9).

La mansuetudine sacerdotale si forgia e si rivela, fondamentalmente, nelle difficoltà che il pastore deve patire e soffrire e nella costanza con cui le sopporta. Lì si manifesta la sua grandezza e forza d'animo, poiché, con il cuore in tensione per le persecuzioni esterne e le angosce interiori, scopre che quando è debole, è allora che è forte (cfr. *2Cor* 12,10). Paolo precisa ulteriormente questa esperienza di tensione interiore e di manifestazione della mansuetudine sacerdotale «perché non venga criticato il nostro ministero» (*2Cor* 6,3) dicendo: «Ma in ogni cosa ci presentiamo come ministri di Dio con molta fermezza: nelle tribolazioni, nelle necessità, nelle angosce, nelle percosse, nelle prigioni, nei tumulti, nelle fatiche, nelle veglie, nei digiuni». Operiamo «con purezza, con sapienza, con magnanimità, con benevolenza, con spirito di santità, con amore sincero, con parola di verità, con potenza di Dio» (*2Cor* 6,4-7).

La mansuetudine sacerdotale manifesta e accentua ancor di più il lavoro da mediatore che è proprio del sacerdote. C'è una cosa che colpisce nella figura del mediatore: perde sempre. In questo si distingue dall'intermediario, che vince sempre o fa di tutto per vincere. L'intermediario prospera a spese delle parti: è un «commerciante al dettaglio» che guadagna con il trasferimento di beni, un commissionario. Invece il mediatore dedica tutto se stesso, consuma se stesso, per unire le parti, per consolidare il corpo della Chiesa.

E poiché è mediatore, si fa intercessore: ripete in sé la figura dei grandi patriarchi intercessori, scommette la sua fede nella certezza che il granello di senape diventerà un grande arbusto, e sopporta sulle sue spalle quella perseverante pazienza (*hypomoné*) che è propria dell'intercessione. Il pastore mansueto sublima la sua esistenza nell'intercessione. Sa tenere le mani alzate finché dura la battaglia del suo popolo e non si vergogna di piangere al cospetto del Signore per la salvezza della sua gente. Poiché conosce lacrime e sofferenze nella solitudine dell'intercessione, può diventare immenso in questa mansuetudine che accoglie, riceve, attende.

Nelle «Linee pastorali per la nuova evangelizzazione» del 1990 questo episcopato richiamava l'attenzione su una condotta pastorale di profonda mansuetudine: l'accoglienza cordiale. Vi confluiscono umiltà, sacrificio, mediazione, intercessione, coraggio, ospitalità, pietà, dominio di sé (cfr. v. 9). A noi pastori si chiedeva questa apertura di cuore, in spirito di sacrificio e servizio, il che ci rimanda al primo atto di accoglienza cordiale che troviamo nel Nuovo Testamento:

quello di Maria nei confronti del Verbo di Dio. Maria lo accoglie senza condizioni, senza prezzi, in preda a una tensione interiore che non sa come si risolverà; ma lo riceve con mansuetudine e, tramite lo Spirito Santo, è unta madre. Lì comincia la sua fecondità, che arriva fino ai giorni nostri. Noi siamo stati unti pastori, con tutto quello che ciò comporta come paternità. Scommettiamo sull'essere fecondi, con e a partire dalla nostra accoglienza cordiale, dalla nostra mansuetudine pastorale, pascendo il gregge di Dio che ci è stato affidato; vegliando su di esso, non in modo forzato ma spontaneo, come Dio vuole; non seguendo interessi meschini, bensì con spirito di abnegazione; non con la volontà di dominare quelli che ci sono stati raccomandati ma, con animo generoso, essendo d'esempio per il gregge (*1Pt* 5,2-3).

Nelle assemblee episcopali ci incontriamo per comunicarci i doni dello Spirito che ci fortifichino e per confortarci vicendevolmente mediante la fede che abbiamo in comune (*Rm* 1,11-12). Oggi la Chiesa, proponendoci la figura di san Leone Magno, ci fa riflettere su questo passo della lettera di Paolo a Tito. Essi si confortavano e fortificavano comunicandosi a vicenda la fede comune. Intercediamo in questa celebrazione eucaristica gli uni per gli altri, affinché nel nostro cuore sacerdotale attecchisca l'umile mansuetudine che ci unge padri, rendendoci intercessori fecondi, pazienti e spogli di noi stessi, pregando con le mani alzate per il nostro popolo e con il cuore aperto all'accoglienza cordiale.

10 novembre 2008

Sentinelle contro la xenofobia e lo sfruttamento

Il passo letto oggi dell'epistola di san Paolo ai Romani cominciava con questa frase: «Non siate debitori di nulla a nessuno, se non dell'amore vicendevole» (*Rom* 13,8). Vale a dire che tutti abbiamo un debito con gli altri: amare. Amare non è uno sport o una semplice virtù che alcuni possono avere e altri no. Non è soltanto un modo di comportarsi, è un debito. Un debito esistenziale, proprio dell'esistenza umana.

Chi non ama non onora il proprio debito in quanto persona. Chi non apre il proprio cuore al fratello, di qualsiasi razza, di qualsiasi nazione, non compie il proprio dovere, e la sua vita finisce per essere come una cambiale insoluta, ed è tristissimo terminare la vita senza aver saldato il debito esistenziale che tutti abbiamo in quanto persone. L'amore è qualcosa di concreto. Non si amano i concetti, non si amano le parole, si amano le persone.

L'amore, essendo concreto, richiede un lavoro concreto a favore della persona. A favore dell'altro. Un lavoro di avvicinamento all'altro, di apertura del proprio cuore all'altro. Un lavoro di prossimità, di benevolenza nei confronti del cammino dell'altro. Un lavoro di reciproco scambio di ideali, di punti di vista. Un grande rispetto per l'Amore.

Il rispetto è il modo considerato più profondo di rapportarsi alla dignità della persona. Oggi, Giornata del migrante, volgiamo un poco lo sguardo su coloro che non sono nati in questa terra. Che ci sono venuti. Che sorpresa! Come il papà o la mamma di alcuni di noi. Come il mio papà. Sono venuti per molte ragioni, per bisogno di lavoro, o a causa di persecuzione ideologica.

Sono venuti in tanti. Oggi dobbiamo chiederci in che modo onoriamo il debito nei loro confronti, il debito dell'amore: che cosa facciamo per loro? E particolarmente in questi giorni in cui la Chiesa vuole guardare al migrante, al migrante giovane. Questa folla di ragazzi e ragazze che si sradicano dalla loro terra per mettere radici nella nostra. Diciamo loro: «Lavoriamo insieme per costruire un mondo possibile» (messaggio di papa Benedetto XVI in occasione della Giornata mondiale del migrante e del rifugiato, 2008). Un mondo migliore che sia possibile, un mondo di fiducia reciproca e di amore.

Sarebbe bello poter chiudere qui la mia omelia. Ma la prima lettura di oggi del profeta Ezechiele (*Ez* 33,7-9) ci dice: «Io ti ho posto come sentinella», ossia ci ha posto tutti come sentinelle. E in quanto sentinelle dobbiamo avvisare quando c'è pericolo. Anticamente, le sentinelle di vedetta nelle città avevano il compito di avvistare i pericoli. Per me oggi corre pericolo il cristiano, giacché ogni cristiano è sentinella. E oggi, come cristiani, dobbiamo dire: attento! Attento che non si prendano la tua vita. Che non si creino situazioni di xenofobia in mezzo a noi. Sappiamo tutti che la xenofobia sorge così.

Qui da noi sembra che nessuno odii il migrante. Ma esiste una forma sottile di xenofobia, quella che magari, elaborata dalla nostra furbizia creola, ci induce a domandarci: come posso usarli? In che modo posso approfittare di questa donna o di questo uomo senza documenti, che è entrato clandestinamente, non conosce la lingua, è minorenne e non ha nessuno che lo protegga?

Se siamo sinceri, dobbiamo riconoscere che in mezzo a noi esiste questa forma sottile di xenofobia che è lo sfruttamento del migrante. Non so in altri luoghi del paese, non mi piace parlare di ciò che non ho visto o non conosco; ma in questa città esiste lo sfruttamento di migranti, e di migranti giovani. Peggio ancora, a un altro livello: esiste una vera e propria tratta di giovani migranti. Ragazze e ragazzi, vittime del commercio umano o della schiavitù, del lavoro coatto per pochi pesos. Una schiavitù che ne fa corrieri della droga, la schiavitù della prostituzione di giovani che non sono neanche maggiorenni. Questo succede nella nostra città!

C'è chi mi dice: «Sì, padre. Però, nemmeno le autorità fanno qualcosa». E tu che cosa fai? Se non fanno nulla, alza la voce! Vai a protestare! Ma tu che cosa fai? A parte protestare, come è doveroso: tu che cosa fai? Come saldi il tuo debito dell'amore, se permetti che davanti ai tuoi occhi avvenga questo sfruttamento, questa tratta di migranti, giovani per di più? Sono cose che succedono vicino a noi. Non venite a raccontarmi storie! Queste cose accadono qui! Vi confesso: quando ci rifletto, quando vedo tutto ciò, perdonatemi, ma piango. Piango di impotenza. Che cosa sta succedendo al mio popolo, che teneva le braccia aperte per accogliere tanti migranti e ora le chiude e ha allevato nel suo seno delinquenti che li sfruttano, che li sottomettono, che li vendono come merci? Che cosa sta succedendo al mio popolo?! Oggi più che mai abbiamo bisogno di sentinelle, per impedire tutto ciò.

Non solo non saldiamo il nostro debito dell'amore, ma in un certo senso noi che non facciamo niente siamo, tra virgolette, complici di delitti così terribilmente nefasti come lo sfruttamento, la schiavitù e la tratta di migranti nella nostra città. Siamo complici, per il nostro silenzio, per il nostro non fare niente, per non protestare presso coloro che il popolo ha unto della responsabilità di trovare soluzioni. Per la nostra apatia.

In questa messa diremo «sì» alla moltitudine di giovani migranti. Apriamo il cuore, e apriamo la profondità delle nostre mani. Ricordiamoci che ci sono sfruttatori espliciti e impliciti. Chi tace e guarda dall'altra parte è uno sfruttatore implicito. Ricordiamoci che anche noi, noi tutti, siamo migranti, perché nessuno rimane qui per sempre, e sarebbe ben triste se, al momento di mostrare il passaporto, qualcuno ci dicesse: «Deve saldare il debito della sua esistenza!».

Deve saldare il debito di essere uomo o donna di bene. Deve saldare il debito dell'amore. Perché davanti ai tuoi occhi tuo fratello era sfruttato, e tu hai taciuto. Tuo fratello era trattato come una merce, e tu hai taciuto; tuo fratello era reso schiavo, e tu hai taciuto!

La messa è un'azione di ringraziamento. Rendiamo grazie a Dio perché ci dà la sua parola. Chiediamogli che questa parola ci induca a essere meno passivi di fronte alla delinquenza che si è insediata nella nostra città e che mette i nostri fratelli migranti, minorenni, sulla graticola. Così sia.

7 settembre 2008

Rimanete nel mio amore

Nella solennità del Corpus Domini rinnoviamo il desiderio più profondo di Gesù nei confronti dei suoi discepoli: «Rimanete nel mio amore». Questo desiderio di Gesù è fonte di vita, perché come Lui ha vita nel Padre, lo stesso accade a chi rimane nel suo amore. Gesù vuole che tutti abbiamo vita in Lui. Per questo si fa pane vivo, pane che vivifica, pane di vita.

Rinnoviamo anche il desiderio di Mosè nei confronti del suo popolo. Mosè esortava il popolo ad avere buona memoria dell'amore di Dio. Con affetto di padre diceva: «Ricordati del lungo cammino che il Signore tuo Dio ti ha fatto percorrere nel deserto per tutti questi anni. Non dimenticarti del Signore tuo Dio che ti ha dato da bere e ti ha nutrito nel deserto».

La memoria, questa facoltà così bella di cui Dio ci ha fatto dono, ci permette di rimanere nell'amore, di tenerci vicino coloro che amiamo, di ri-cordare, cioè di sentirci in comunione con loro dentro il nostro cuore. Chiamiamo l'eucaristia «Memoriale della passione e della risurrezione del Signore»; la memoria si fissa nei gesti (stiamo parlando di una memoria amorosa, non di qualcosa di astratto), e l'atto supremo dell'amore di Gesù, il suo sacrificio, è rimasto fissato per sempre nella memoria del nostro cuore. Nel gesto di spezzare il pane ci ricordiamo della croce e nel gesto di condividerlo e nella comunione ci ricordiamo della sua risurrezione. Mentre gustiamo il pane dell'eucaristia, lo Spirito Santo ci fa ricordare tutte le parole e i gesti di Gesù, che sono fonte di vita, fonte di amore.

E dato che la vita non sta ferma, bisogna percorrerla. Per rimanere nell'amore di Gesù, usciamo a camminare per le vie della nostra città, portiamo l'eucaristia nelle strade, facendo memoria di tutto il lungo cammino che il Signore ha compiuto in mezzo a noi. Usciamo a camminare, per ricordare come Gesù si è preso cura di noi. Usciamo a camminare con la certezza gioiosa che Egli cammina al nostro fianco e con la speranza umile dell'incontro.

La processione del Corpus Domini è una memoria viva e in cammino che la Chiesa, popolo fedele di Dio, compie con tutto il suo cuore: camminando, adoriamo Gesù Cristo e ricordiamo i passi dell'amore del Signore per la nostra vita. Noi siamo il suo popolo e vogliamo rimanere in Lui, vogliamo – gli diciamo – «sperimentare sempre in noi i frutti della sua redenzione». E il Signore ci risponde: «Chi mangia la mia carne e beve il mio sangue rimane in me e io in lui».

Rimanere, ricordare, camminare... Come vediamo, le letture di oggi ci parlano di amore. Un amore per rimanere nel quale è necessario ricordare i suoi gesti, mentre camminiamo. Ci mettiamo in cammino, sapendo però da dove veniamo e dove andiamo: camminare nella memoria, camminare ricordando. Perché a volte può capitare che non camminiamo, ma «andiamo» di qua e di là, corriamo senza sapere dove, svincolati, chiusi in noi stessi, solitari, frammentati. La memoria dell'amore del Signore, invece, ci fa camminare insieme come pellegrini, con il cuore traboccante di gioia, nel sentirci popolo fedele di Dio; vincolati agli altri, attenti a chi ha bisogno, pieni di progetti creativi e fecondi per il bene della famiglia e della patria.

Così camminava Maria: appena ebbe ricevuto l'annuncio dell'angelo, si alzò e si mise in cammino per andare a servire dalla cugina. Lei, che custodiva tutte le cose di Gesù nel proprio cuore. Lei, che accompagnò suo Figlio nel cammino della croce e accompagna la Chiesa pellegrina verso la casa del Padre. Lei, che rimane nell'amore, che ha buona memoria delle azioni di Dio, che si mette sempre di nuovo in cammino. È Gesù che ha insegnato a lei e insegna a noi a camminare così, Gesù ci manda a camminare nell'amore. Egli è l'amore, e per questo è sempre in cammino, va per le strade, in mezzo alla gente, dentro la vita quotidiana; di conseguenza, per incontrarlo bisogna mettersi in cammino; per poter stare con lui, bisogna uscire in strada. L'eucaristia è viatico (da «via», «cammino»): pane per il cammino, pane di viandanti.

Via via che si cammina, che si esce da sé, verso gli altri, si aprono gli occhi e il cuore si ri-connette con le meraviglie di Dio. Non possiamo fare memoria di Gesù rimanendocene raccolti nel nostro io, chiusi nel nostro piccolo mondo privato, nei nostri interessi meschini. Il cristiano è pellegrino, viandante, uomo di strada. Gesù ci ha detto che Lui è la via, e per rimanere su una via bisogna percorrerla. Non «si rimane» restando fermi. Ma nemmeno correndo a cento all'ora, urtando gli altri e travolgendoli. Gesù non ci vuole né fermi né «travolgenti», né «addormentati sugli allori» né convulsi. Ci vuole mansueti, di quella mansuetudine con cui ci unge la «speranza che non delude». Ci vuole pacificamente laboriosi lungo il cammino. Il ritmo ce lo dà Lui. Gesù è una via lungo la quale camminiamo insieme, come nella processione. Camminiamo piano, sentendo la presenza degli altri, cantando, guardando chi ci sta davanti, guardando il cielo, pregando per quelli che non ci sono... Come fa Gesù, che è l'amore e per questo si ricorda di quelli che ama e intercede sempre per noi presso il Padre.

Com'è bello camminare così per Buenos Aires! Come appare diversa la nostra città, questo stesso viale che durante la settimana ha un ritmo febbrile. Vogliamo calcare i nostri passi nell'asfalto, affinché ogni persona che passerà poi di qui si rassereni. Vogliamo lasciare impresse le nostre orme, le belle orme dei piedi dei messaggeri di pace.

Simili ad Abramo, che camminò per la terra promessa come uno straniero, così noi camminiamo ogni giorno come stranieri per la nostra città. Oggi invece la percorriamo come cittadini del regno. Con la presenza reale del Signore nell'eucaristia, queste vie assumono un nome nuovo, sono vie del regno, cammino reale della Città Santa. E percorrendole così, stabiliamo vincoli nuovi, ci ricordiamo dei nostri avi che le percorsero nella speranza che noi fossimo migliori. E guardiamo avanti e le percorriamo cercando con lo sguardo i nostri figli e nipoti, desiderando che le percorrano in pace e giustizia, in fraternità e solidarietà. Camminiamo con un senso del tempo cristiano, che è tempo di amore, tempo che vincola, tempo che non alza muri, ma costruisce ponti tra le generazioni e tra i cuori, tempo in cui si privilegia l'unità rispetto al conflitto. Camminiamo in compagnia del Signore, a cui piace camminare con i suoi fratelli, dal momento che si è fatto carne come noi e ha messo la sua tenda in mezzo a noi. Camminare così, facendo meticolosa memoria dell'amore del Signore, ci rende fecondi, creativi. La memoria dell'amore di Gesù si rinnova nella comunione con il suo corpo e il suo sangue. Andando alla comunione e tornando dalla comunione. E quando assaporiamo questo amore, mentre mastichiamo il pane di vita, ci si aprono gli occhi e vediamo la realtà in modo diverso. Le vie allora si trasfigurano e diventano luogo di prossimità, luogo di incontro, luogo di solidarietà. Questa è la memoria che unisce, il cammino che salda insieme un popolo che vuole rimanere senza disgregarsi, che vuole rimanere nell'amore, e non nel disprezzo reciproco. *Ne dissolvamini, manducate vinculum vestrum; ne vobis viles videamini, bibite pretium vestrum* (*In Solemnitate Sanctissimi Corporis et Sanguinis Christi, ad Officium lectionis*).

24 maggio 2008

Inviati con il sigillo dello Spirito

Fissiamo per qualche istante lo sguardo su questa immagine: Gesù di Nazaret che apre e chiude il Libro e legge la Parola. Soffermiamoci su questo silenzio del Signore che, dopo aver arrotolato il Libro, si siede e suggella la scena in modo solenne, ci mette la sua firma, diremmo oggi, con queste parole: «Oggi si è compiuta questa Scrittura che voi avete ascoltato». Questa scena ci parla di unzione, i gesti del Signore e il valore che dà all'avvenimento ci parlano di sigillo. Unzione e sigillo: parole benedette per i nostri cuori sacerdotali.

Luca ci dice che Gesù «trovò» il passo del profeta Isaia: «Lo Spirito del Signore Dio è su di me, perché il Signore mi ha consacrato con l'unzione ... mi ha mandato...». Il Signore ha occhi solo per la sua missione. Il Signore «pesca» nella Scrittura come nella vita. Come trova il passo giusto nella Bibbia, così anche nella vita quotidiana il suo sguardo trova sempre chi è indifeso, le sue orecchie ascoltano la voce di chi lo chiama, il suo zelo apostolico arriva perfino a percepire con le falde del suo mantello il bisogno del popolo presso cui è stato inviato. Questo fervore missionario di Gesù è una consolazione continua per noi e ci mobilita nel nostro compito pastorale. Anno dopo anno, noi che siamo stati unti, che abbiamo ricevuto il sigillo del Signore e siamo stati inviati, torniamo a questa scena per rinnovare quell'unzione che ci rende consapevoli delle fragilità del nostro popolo, ci spinge a uscire da noi stessi e ci invia in tutte le periferie esistenziali per guarire, per liberare e per annunciare la buona novella.

Se seguiamo su questa linea l'ispirazione di Aparecida (quel che ha di paradigmatico, perché Aparecida è più un paradigma che un programma pastorale),* se seguiamo dunque l'ispirazione di coniugare discepolato e missione, il dettaglio più illuminante di questa scena del Vangelo è quel sentirsi buon discepolo del Padre che Gesù sperimenta in sé. Il riferimento costante al Padre che lo unge con il suo Spirito è ciò che fa sì che il Signore «trovi» tutti quelli che il Padre attrae verso di lui, affinché li salvi e nessuno si perda. Il Signore è il miglior pastore perché è il miglior discepolo: è colui che ascolta sempre la parola del Padre e sa che il Padre a sua volta lo ascolta. Dalla certezza del favore del Padre, Gesù trae le forze per compiere la sua missione fino all'estremo della croce. Essere buon discepolo, l'obbedienza attenta e amorosa alla voce del Padre, costituisce l'identità più profonda di Gesù Cristo. Un'obbedienza che fa di ascolto e pratica della parola, di persona (identità) e missione una cosa sola. Ecco perché il Signore, dopo aver letto il contenuto del piano di salvezza di Dio prendendolo da Isaia, ha suggellato la scena distogliendo gli occhi dal Libro e attirando tutti gli sguardi sulla sua Persona. È come se gli occhi del Signore si fossero imbevuti dell'intera Scrittura, cosicché ciò che era lettera è diventato in Lui parola viva, parola viva fatta carne.

Così il Signore stesso è ora il Libro vivente, il Libro che «contiene il significato dell'esistenza e dell'avvenire». Libro scritto in recto e verso, perché il Signore si rivela «fatto carne» non solo con le parole, ma anche con i gesti e con tutta la sua esistenza. Libro sigillato, a cui non si può aggiungere né togliere niente (*Ap* 22,18-19).

Che cosa significa che questa parola si compie oggi nelle nostre orecchie? Significa, da un lato, che questa paro-

---

* Riferimento al documento finale dell'assemblea generale del Celam, l'episcopato dell'America latina, tenutasi nel 2007 presso il santuario mariano di Aparecida, in Brasile.

la si incarna, si interiorizza integra dentro di noi in virtù dell'unzione e ci suggella dandoci identità e, dall'altro, che questa parola possiede una forza espansiva che ci apre alla missione, ci fa uscire da noi stessi affinché andiamo a comunicarla agli altri. Unzione, sigillo e missione.

Il sigillo della carne del Signore – con tutto ciò che una verità incarnata comporta in sé di umanità, di sentimenti, di storia e di cultura condivisa – ci libera dalla tentazione di aderire a quelle verità astratte (gnostiche) che con i loro slogan abbagliano e subito dopo disincantano, perché non trovano dove attecchire nel cuore di carne dei nostri popoli, che hanno assaporato una parola viva e incarnata e non si accontentano di meno.

Questo sigillo che s'imprime in noi ungendoci – come inchiostro che impregna la carta – fa sì che la parola si inscriva nel nostro cuore di carne e impregni tutto quello che facciamo in nome di Cristo, l'Unto. Ci trasforma in libri viventi, in libri di carne e ossa che con la loro esistenza testimoniano Cristo. La testimonianza di Paolo – «non vivo più io, ma Cristo vive in me» – è il modello di ciò che significa «non predicare a noi stessi», non lavorare per i nostri interessi personali, ma per quelli del Signore. Il sigillo dell'unzione che interiorizza la parola fa sì che siamo inviati non a «fare cose», a «gestire» il regno, bensì a donarci come persone e a condividere la vita dei nostri popoli.

La nostra identità sacerdotale ha ricevuto l'unzione e il sigillo: «È Dio stesso che ... ha conferito l'unzione, ci ha impresso il sigillo e ci ha dato la caparra dello Spirito nei nostri cuori» (*2Cor* 1,21-22). La nostra identità sacerdotale, unta e sigillata, intoccabile e non negoziabile, non è volta a preservare un integralismo preconfezionato, bensì tutto il contrario: la Chiesa custodisce l'integrità del dono per poterlo dare e comunicare intero a tutti gli uomini nel corso di tutte le generazioni. Non è identità autoreferenziale, ma identità di amore che ci spinge verso la periferia, coscienza di ciò che siamo per grazia, identità che rimette tutto a Cristo. Identità inviata, identità in missione.

Il sigillo è la firma di Dio. E come il Padre ha posto la sua firma su tutto quello che ha fatto e fa Gesù, il suo amato Figlio (*Gv* 6,27), così anche Gesù mette la sua firma sul nostro cuore sacerdotale e su tutto quello che compiamo nel suo nome. Il certificato del fatto che abbiamo operato in Cristo saranno i cuori unti e sigillati dello stesso popolo fedele di Dio presso il quale siamo stati inviati a ungere e sigillare: «Voi siete nel Signore il sigillo del mio apostolato» dice san Paolo (*1Cor* 9,2).

A partire da queste riflessioni chiediamo a san Giuseppe, che sa «prendere con sé» e accogliere integro ciò che lo Spirito ha suggellato – il Verbo fatto carne in Maria –, di ottenere per noi quella grazia che Aparecida chiede per i sacerdoti: «Il sacerdote non può cadere nella tentazione di considerarsi un semplice delegato o solo un rappresentante della comunità, ma un dono per essa, in virtù dell'unzione dello Spirito e della sua speciale unione con Cristo capo» (*Documento di Aparecida*, 193). E chiediamo questa grazia con particolare fervore, affinché l'unzione e il sigillo dello Spirito ci salvino dall'idolatria di concepire il ministero sacerdotale come gestione, dall'illusione di ogni agnosticimo pseudospiritualista e dall'autoreferenzialità vanitosa che, da celibi che siamo, ci fa diventare «scapoli» e sterili. La chiediamo con grande fervore, perché l'unzione e il sigillo dello Spirito ci trasformino in dono per il santo popolo fedele di Dio, dono che si fa missione apostolica ardente e spossante. Così sia.

20 marzo 2008

La festa del grande incontro

Colpisce, nell'ascoltare questo passo del Vangelo (*Lc* 2,1-3), la precisione con cui Luca situa il luogo della nascita: l'imperatore Augusto, un censimento, Quirinio era il governatore della Siria, ognuno doveva andare a farsi censire nella propria città d'origine. L'evangelista delimita esattamente un momento storico; questo momento della storia è il momento in cui Dio fa irruzione nella storia. Lo aveva già fatto prima in forme differenti, con chiamate, come quella rivolta ad Abramo; con leggi; con liberazioni, come in Egitto con Mosè o come a Babilonia, per bocca dei profeti. Lo aveva fatto attraverso la sua parola; ora irrompe con la sua Parola reale, la Parola che è Gesù Cristo, Gesù Cristo che è la Parola di Dio. Fa irruzione, e Colui che ci accompagnava nel nostro cammino per la prima volta si mette nel mezzo del nostro camminare. E quel che aveva promesso prima per bocca dei profeti diventa ora realtà. Lui, l'Onnipotente, il Creatore, il Trascendente, si trasforma nel Dio in mezzo a noi. E da quel momento in poi questo Dio sarà un Dio vicino, che non bisogna andare a cercare nelle orbite celesti, ma che sta al nostro fianco. Quella fu la prima volta che Gesù arrivò e cominciò a camminare con noi. Verrà una seconda volta, anch'essa nella storia, non sappiamo quando, Dio lo sa. L'umanità allora non conosceva il momento temporale in cui sarebbe venuto la prima volta. Verrà una seconda volta, apparirà una seconda volta, quella definitiva. Una seconda volta definitiva per ciascuno di noi, quando verrà a cercarci e ci porterà con Sé. E una seconda volta definitiva per tutta l'umanità, quando nella sua gloria trasformerà la terra nel suo eterno paradiso. È venuto una prima volta e verrà una seconda volta, e in mezzo a queste due venute noi camminiamo perché Egli viene una terza volta: viene ogni anno a ricordarci che è venuto e che verrà.

La festa del Natale è uno straordinario ricordo della storia, uno straordinario ricordo della rivelazione di Dio che viene a dirci che Lui c'è, come è scritto così bene nel libro dell'Apocalisse: «È alla porta e chiama». Egli è alla porta del tuo cuore e ti sta chiamando. Dio sta venendo. Il Natale ci ricorda che è venuto una volta e che verrà un'altra volta e ci invita a riceverlo tutti i giorni. Ci invita a incontrarci con Lui tutti i giorni. Il Natale è la festa dell'incontro, dell'incontro della prima volta, della speranza dell'incontro dell'ultima volta, e dell'incontro quotidiano. L'incontro con Gesù. Natale significa incontrare Gesù. In questa notte santa siamo invitati a domandarci come possiamo incontrare Gesù, se siamo disposti a incontrarlo o se ci lasciamo trasportare dalla vita come se i giochi fossero già fatti. No, Gesù sta bussando al tuo cuore, Gesù ti dice quello che dice l'angelo ai pastori: un Redentore è nato per te. Ti chiede semplicemente di ascoltarlo, o meglio, ti chiede di cercarlo. Oggi siamo invitati a cercare.

E dove lo andiamo a cercare? Il segno che dà ai pastori è quello di sempre. Come a loro, continua a ripeterti: cercalo in una mangiatoia, in una capanna. L'indicazione è la stessa: cerca dove nessuno cerca. Non cercare in mezzo alle luci delle grandi città, non cercare nell'apparenza. Non cercare in tutto quell'armamentario pagano che ci viene continuamente offerto. Cerca in ciò che è insolito, in ciò che ti sorprende. Cerca come quei pastori che furono mandati a cercare un bambino appena nato, adagiato in una mangiatoia. Cerca lì. Sposta le foglie secche e, sotto, cerca i germogli di vita. Nella semplicità, nella piccolezza. Sapete che oggi per entrare nella grotta di Betlemme, per arrivare al luogo dove nacque Gesù, bisogna chinarsi, bisogna abbassarsi: per incontrare Gesù bisogna farsi piccoli. Spògliati di ogni ambizione. Spògliati di ogni illusione effimera, vai all'essenziale, a ciò che ti promette vita, a ciò che ti dà dignità. Abbassati, non avere timore dell'umiltà, non avere timore della mansuetudine. Oggi ci viene detto che più in alto sollevi il mento, più sei importante. No. Oggi ci viene detto che più appari sicuro di te, più avrai forza. No, non funziona così. Oggi ci viene detto che più gridi e ti batti, più semini discordia, e più ti andrà bene. No, non è così. Abbàssati, usa la mansuetudine. Ascolta, vivi insieme agli altri. Riconosci la tua dignità e quella degli altri. Ama e lasciati amare.

Questa è la notte delle sorprese. Qualcuno mi chiederà: come possiamo cercare le sorprese in questa città? L'altra sera è successa una cosa che mi ha commosso. I ragazzi che vivono per strada, i senzatetto, erano all'Obelisco, radunati dall'Arcivescovado, per fare un presepe vivente, e all'altro angolo della piazza c'era un Babbo Natale che faceva gli auguri e riceveva le letterine dei regali; a un certo punto attraversa la strada e dice al responsabile del presepe vivente: lasciami sedere qui, voglio sentire lo spirito natalizio. Si è abbassato, si è tolto il costume e ha preso su di sé la realtà. Non serve travestirsi da superbi, né da orgogliosi, da prepotenti o da prevaricatori. No, non ti farà vincere. Abbàssati, scommetti sulla mansuetudine, scommetti sulla bontà, fruga tra le foglie secche della vita e vi troverai quello che nessuno capiva, un bambino avvolto in fasce, adagiato in una mangiatoia. Così si incontra Gesù, tutti i giorni. So cercarlo? So abbassarmi per incontrarlo, o mi perdo frastornato nelle mille e una tentazione di questa città pagana? Perché questa è davvero una città pagana. E tu sai che non devi pagare nessun ingresso per incontrare Gesù. Se vuoi, entra, semplicemente: il Signore ha bisogno della tua libertà, ha bisogno che tu prenda su di te la gratuità della salvezza. Perché per questo mistero del Natale non c'è altra spiegazione se non la gratuità con cui Dio ci viene incontro.

Coraggio, esci a cercare, oppure guarda a lei, la Madre, umile, semplice, piena di mansuetudine, e chiedile di condurti per mano a cercare il bambino, che non si trova nella superbia e nell'orgoglio, ma nella semplicità di tutto ciò che è amore, mansuetudine e bontà. Così sia.

24 dicembre 2010

Educare alla speranza

Nel pomeriggio di quel primo giorno della settimana, di cui ci ha appena narrato il Vangelo (*Lc* 24,8-35), c'era grande disorientamento: i più erano tristi, se ne stavano rinchiusi per paura di un attacco da parte di quelli che avevano ucciso Gesù, per paura che accadesse anche a loro quel che era accaduto al Signore. Avevano paura, dice il Vangelo. Tenevano le porte chiuse e si dicevano tra loro: «Che dolore che sia morto»... «No, guarda che delle donne sono andate là il mattino e non l'hanno trovato»... o «Hanno visto degli angeli»... E i commenti erano confusi: «Sono pazze», «Hanno avuto delle visioni», «Non è vero»... e così si invischiavano in un'atmosfera di paura, spavento, frustrazione e sconforto. Quel pomeriggio gli apostoli diedero vita alla prima comunità di cristiani, senza speranza finché non appare il Signore e con la sua presenza dissipa tutti quei dubbi, timori e dicerie e mette le cose al loro posto. Il che mi suscita una domanda che mi è venuta in mente questa mattina mentre parlavo con voi: stiamo educando nella speranza? Stiamo educando alla speranza? O riproduciamo il microclima di quella mattinata, di quel pomeriggio nella casa dove stavano rinchiusi i discepoli? Sappiamo educare in speranza?...

Molto spesso le circostanze ci limitano, i problemi del momento ci sovrastano, come gli apostoli che furono sopraffatti, soverchiati dalla morte di Cristo, e ci chiudono l'orizzonte. Educare alla speranza significa riuscire a fare in modo che un ragazzo, un giovane, abbia delle prospettive! Aprire orizzonti, verso il futuro e verso il passato. Educare alla speranza nella patria significa rendere questo ragazzo cosciente del fatto che ha un orizzonte nel passato, che è ciò che ha ricevuto come patrimonio da quelli che ci hanno preceduto, dagli uomini che hanno fatto la patria; e insegnare a questo ragazzo, a questi giovani, che la patria non è iniziata oggi, perché abbiamo un'eredità da ricevere, da preservare, ma anche un'eredità da coltivare nel presente, per proiettarla nelle utopie del futuro. Ciò che abbiamo ricevuto dai nostri padri, se c'è educazione alla speranza, dobbiamo trasmetterlo, arricchito, ai nostri figli. È questa la sfida che ci poniamo oggi nella Messa dell'educazione: il ragazzo sa riconoscere il patrimonio che ha ricevuto? Sa che prima di lui ci sono stati duecento anni di uomini e di donne che, bene o male, hanno costruito la patria e ci hanno dato qualcosa? Oppure il ragazzo si è «imbolsito» a causa delle circostanze del momento e non sa riconoscere in quell'orizzonte ciò che ha ricevuto, e vive come se non avesse ricevuto niente? Ma d'altra parte ciò che ha ricevuto non è da conservare sottovuoto, inscatolato: è da coltivare oggi! Questo ragazzo, questi giovani, sanno coltivare oggi ciò che hanno ricevuto? Sanno assumere su di sé questo patrimonio? Sono patrioti? Stiamo insegnando loro a farsi carico di quel patrimonio? A proiettarlo nel futuro? Hanno utopie, questi ragazzi? Hanno sogni?

Educare in speranza significa queste tre cose: memoria del patrimonio ricevuto e fatto proprio; rielaborazione di questo patrimonio, affinché non rimanga un talento nascosto; proiezione verso il futuro tramite le utopie e i sogni. Credo sia necessario fare un esame di coscienza a questo proposito. Lavoriamo in speranza? C'è chi dice che l'educazione è la parente povera del nostro sistema sociale. Certo, dipende da come si guarda la cosa. Se si considera la fatica che fanno i docenti all'interno di un patto educativo che si rompe se manca l'appoggio dei genitori, con stipendi insufficienti che li costringono ad avere due lavori, con aule più affollate del necessario, allora ci si rende conto che c'è davvero qualcosa da risolvere, che c'è una carenza. Dobbiamo riconoscere il lavoro quotidiano di questi uomini e donne che si logorano nelle aule scolastiche, in situazioni a volte disagevoli e precarie. La Vicaría de Educación li insignirà oggi di una medaglia. Questa medaglia sia il riconoscimento del loro lavoro silenzioso, estenuante, che spesso li costringe a chiedere permessi a causa dello stress. Tutti noi diciamo loro: grazie per quello che fate.

Guardiamo i ragazzi. E l'esame di coscienza ci deve portare alla domanda: questi ragazzi, che sono chiamati a essere educati nella speranza, sanno ricevere, li prepariamo a ricevere il seme della speranza? O diamo loro tre o quattro cose perché vadano a buttarsi via dietro l'angolo con il primo che gli vende la «roba»? I nostri figli escono da scuola e possono comprare la droga dietro l'angolo. Questa responsabilità ricade sulla nostra coscienza. Li stiamo preparando per grandi orizzonti, o per l'orizzonte appena girato l'angolo, dove per qualche soldo possono comprarsi la coca o quello che è? Ecco cosa succede in questa città, e non solo nei quartieri di periferia, ma anche in centro.

Vogliamo chiedere perdono ai nostri ragazzi, perché non sempre li prendiamo sul serio. Perché non sempre facciamo in modo che il loro orizzonte non finisca dietro quell'angolo, perché molte volte non riusciamo a entusiasmarli con prospettive più ampie, che gli facciano apprezzare ciò che hanno ricevuto e che devono trasmettere, perché molte volte non siamo stati capaci di farli sognare! Mi piace molto una frase di uno scrittore americano che dice che Dio ci ha dato due occhi, uno di carne e uno di vetro. Con l'occhio di carne vediamo quello che guardiamo; con l'occhio di vetro vediamo quello che sogniamo. Insegniamo ai nostri ragazzi a guardare la vita con questi due occhi? I nostri ragazzi escono di casa con la capacità di sognare, o escono con la fretta di arrivare all'angolo della strada e comprarsi la dose? Chiediamo dunque perdono ai ragazzi, per la nostra incapacità di farli sognare, di prospettare loro grandi orizzonti.

E poi ci siamo noi, i dirigenti. I responsabili. A noi viene essenzialmente chiesto di essere patrioti in senso superlativo. A noi responsabili viene chiesto di accogliere con venerazione l'eredità dei nostri padri, di coltivarla nel presente e proiettarla verso il futuro. A noi responsabili si chiede testimonianza. Non potremo mai trasmettere ai nostri ragazzi l'orizzonte di grandezza della patria, quell'orizzonte che hanno ricevuto in eredità e che devono proiettare in avanti, se usiamo la nostra posizione come trampolino per le ambizioni personali, per la nostra scalata sociale quotidiana, per i nostri meschini interessi, per rimpinguare le casse o per favorire gli amici che ci sostengono. Ci viene chiesto un altro tipo di testimonianza. E quando i nostri ragazzi vedono noi dirigenti dare una simile testimonianza di bassezza, non sono incoraggiati a sognare, non sono incoraggiati a crescere.

Oggi la patria chiede a noi dirigenti un grande lavoro. Coltivare ciò che abbiamo ricevuto, per farlo crescere e proiettarlo verso il futuro! Se non diamo testimonianza di questa capacità di prospettiva e di elaborazione, la nostra vita finirà in un angolo a piangere la litania del nostro fallimento come educatori, come uomini e come donne.

Chiedo oggi al Signore che faccia la stessa cosa che fece quel pomeriggio con la piccola comunità che si era venuta a creare nella casa dove stavano i discepoli, con tutte quelle meschine discussioni fatte di paura, di disorientamento, e ci schiaffeggi con la luce della grandezza. La grandezza che ci ha dato Lui e la grandezza della patria! La grandezza di una patria che abbiamo ricevuto, fatta di lavoro, lotta, sangue, errori e mille altre cose! Eppure ci è stata data! E non abbiamo il diritto di cambiarne l'identità e l'orientamento! La grandezza di essere mandati a lavorare affinché quella patria cresca, e la grandezza di proiettarla verso il futuro in un'utopia che sia in continuità con ciò che ci è stato dato. Il Signore ci schiaffeggi in questo modo e ci dia questa grazia. Così sia.

14 aprile 2010

La tristezza del mondo, la gioia cristiana

Dice il Signore nel Vangelo che abbiamo appena ascoltato: «In verità, in verità io vi dico: se non mangiate la carne del Figlio dell'uomo e non bevete il suo sangue, non avete in voi la vita» (*Gv* 6,53). E nell'Ufficio delle letture del Corpus Domini troviamo un'antifona molto bella che ci può aiutare a meditare su questa frase del Signore. È di sant'Agostino, e dice: «Per non distaccarvi, mangiate quel che vi unisce; per non considerarvi da poco, bevete il vostro prezzo».*

Riflettete su ciò che dice Agostino: il corpo di Cristo è il vincolo che ci tiene uniti, il sangue di Cristo è il prezzo che ha pagato per la nostra salvezza, è il segno di quanto siamo preziosi. Dunque, mangiamo il pane della vita che ci tiene uniti come fratelli, come Chiesa, come popolo fedele di Dio. Beviamo il sangue con cui il Signore ci ha mostrato quanto ci ama. E rimaniamo così in comunione con Gesù Cristo, per non disgregarci, per non svilirci, per non disprezzarci.

Questo invito evidenzia anche un fatto reale dei nostri cuori, perché quando una persona o una società patisce la disgregazione e lo svilimento, di certo in fondo al suo cuore non c'è pace né gioia, e anzi si annida la tristezza. La discordia e il disprezzo sono figli della tristezza.

---

* Sant'Agostino, Discorso 228B, 3, in *Discorsi*, trad. it. Roma, Città Nuova, 1979.

La tristezza è un male tipico dello spirito del mondo, e il suo rimedio è la gioia. Quella gioia che solo lo Spirito di Gesù dà, e che dà in modo tale che niente e nessuno ce la possono togliere.

Gesù rallegra il cuore delle persone: questo è stato l'annuncio degli angeli ai pastori: «Non temete: ecco, vi annuncio una grande gioia, che sarà di tutto il popolo: oggi, nella città di Davide, è nato per voi un Salvatore, che è Cristo Signore. Questo per voi il segno: troverete un bambino avvolto in fasce, adagiato in una mangiatoia» (*Lc* 2,10-12).

La salvezza portata da Gesù consiste nel perdono dei peccati, ma non è un perdono che arriva soltanto fin lì, va oltre: è la gioia del perdono, perché «vi sarà gioia nel cielo per un solo peccatore che si converte, più che per novantanove giusti i quali non hanno bisogno di conversione» (*Lc* 15,7). Il perdono non finisce con l'oblio né con la riparazione, ma con l'amore profuso a piene mani nella festa che il padre misericordioso prepara per accogliere il figlio che torna a casa.

E le relazioni sociali che nascono da questa gioia sono relazioni di giustizia e di pace; non si tratta però della giustizia vendicativa dell'occhio per occhio, che placa l'odio ma lascia l'anima vuota e morta e impedisce di continuare a camminare nella vita. La giustizia del regno nasce da un cuore che ha saputo «ricevere il Signore con gioia», come Zaccheo, e da quella pienezza decide di restituire ciò che ha rubato e risarcire tutte le persone nei confronti delle quali è stato ingiusto.

La presenza di Gesù contagia sempre di gioia. La gioia che si impossessa dei discepoli quando vedono il Signore risorto è così grande che «impediva» loro di credere; allora il Signore chiede qualcosa da mangiare (*Lc* 24,41): impernia quella gioia sulla comunione della mensa, sulla condivisione. Il papa ha fatto in proposito una riflessione molto bella sulle parole speciali che Luca usa per descrivere come Gesù risorto raduna i suoi: li riunisce «mangiando con loro il sale». Nell'Antico Testamento riunirsi con qualcuno a mangiare insieme pane e sale, o anche soltanto sale, serve a suggellare un'«alleanza inviolabile»* (*Nm* 18,19). Il sale è garanzia di durevolezza. Il sale che mangia Gesù risorto è segno della vita incorruttibile che Lui ci porta. Quel sale della vita, quel sale che è pane consacrato condiviso nell'eucaristia, è simbolo della gioia della risurrezione. Noi cristiani condividiamo il «sale della vita» del Risorto, e questo sale impedisce che ci corrompiamo, ci disgreghiamo e ci sviliamo. Se però il sale perde il suo sapore, con che cosa si potrà di nuovo salare la vita?

La gioia del Vangelo, la gioia del perdono, la gioia della giustizia, la gioia di essere commensali del Risorto! Quando permettiamo allo Spirito di riunirci intorno alla mensa dell'altare, la sua gioia penetra a fondo nei nostri cuori, e i frutti dell'unità e della stima tra fratelli nascono spontanei e in mille modi creativi.

Mangiamo il pane della vita! È il nostro vincolo di unità, mangiamolo, per non dissolverci, per non disgregarci!

Beviamo il sangue di Cristo, che è il nostro prezzo, per non svilirci, per non disprezzarci!

Che bel modo di sentire e gustare l'eucaristia! Il sangue di Cristo, quello che ha versato per noi, ci fa vedere quanto valiamo. Noi abitanti di Buenos Aires a volte ci giudichiamo male, prima ci crediamo i migliori del mondo, poi ci disprezziamo, sentiamo che in questo paese non si può stare, e ce ne andiamo di qua e di là. Il sangue di Cristo ci dà la vera autostima, l'autostima nella fede: valiamo molto agli occhi di Gesù Cristo. Non perché siamo qualcosa di più o qualcosa di meno rispetto ad altri popoli: valiamo perché siamo stati e siamo molto amati.

Un'altra nostra tentazione molto tipica è quella di dividerci, di fare polemiche e discussioni di ogni genere, di paralizzarci da soli... Ma allo stesso tempo batte forte nel nostro cuore un anelito profondo di unità, il desiderio di essere un solo popolo, aperto a tutte le razze e a tutti gli uomini di

---

* Nel testo originale ebraico si parla di «alleanza di sale», ed è questo il contesto semantico al quale l'autore fa qui riferimento.

buona volontà. L'unità affonda le radici nel nostro cuore, e quando la coltiviamo con il dialogo, la giustizia e la solidarietà, è fonte di grande gioia. L'eucaristia è fonte di unità. Mangiamo questo pane, per non disgregarci, per non cadere nell'anarchia, per non vivere in mille gruppetti diversi uno contro l'altro.

Chiediamo a Maria che ci preservi dalle piaghe della dispersione e del disprezzo, frutti amari di cuori tristi. Chiediamo a nostra Madre, causa della nostra gioia, come dice una delle sue litanie più belle, di farci gustare il pane dell'alleanza, il corpo di suo Figlio, perché ci tenga uniti nella fede, coesi nella fedeltà, unificati in un'unica speranza. Chiediamo a nostra Madre di ricordare a Gesù tutte le volte che «non abbiamo vino», affinché la gioia di Cana inondi i cuori della nostra città, facendoci sentire quanto valiamo, quanto siamo preziosi agli occhi di Dio, che non ha esitato a pagare il prezzo altissimo del suo sangue versato per salvarci da tutte le tristezze, da tutti i mali, ed essere così, per noi che lo amiamo, fonte di gioia perenne.

25 giugno 2011

La sapienza dell'umiltà

Questo passo del Vangelo (*Mt* 11,25-30) ci sorprende per l'intima espressione orante, quasi liturgica, di Gesù che si fa piccolo davanti ai nostri occhi mentre al contempo si apre all'infinito di Dio nel suo calore di Padre. Gesù riposa nel suo centro più profondo: quello di sentirsi Figlio amato, e affratellato a quegli stessi piccoli che hanno ricevuto dalle sue mani l'amore del Padre.

Questo amore dà sollievo, placa, nutre, e in esso la vita cessa di essere un fardello. La solidarietà fraterna che crea toglie la fatica e quel peso smisurato con cui la nostra stessa presunzione e ostinazione ci soffocano l'anima.

Dio ci affratella in Gesù Cristo, affinché il suo amore premuroso, paziente e stimolante ci liberi dalla nostra cecità e dalla nostra corazza di orgoglio e vanità, rivelandoci che, in questo amore, una vita diversa è possibile.

Oggi vogliamo lasciarci illuminare dall'amore di Dio, per ravvivare il sogno memorabile che ci riporta vicino la storia di coloro che ci hanno preceduto, di coloro che hanno dato la vita affinché potessimo essere qui. Quelli che ci hanno affratellati nel loro amore per la patria lavorando e lottando per essa, quelli che si sono lasciati ispirare nella loro fede per avere grande generosità, dedizione smisurata.

Il passo del Vangelo ci parla dell'umiltà. L'umiltà rivela, alla piccolezza umana consapevole di sé, le potenzialità che racchiude in se stessa. In effetti, quanto più siamo coscienti dei nostri talenti e dei nostri limiti – le due cose insieme –, tanto più saremo liberi dalla cecità della superbia. E come Gesù celebra il Padre per la sua rivelazione ai più piccoli, così anche noi dovremmo celebrare il Padre per aver fatto spuntare il sole di maggio in quanti hanno avuto fiducia nel dono della libertà, la libertà che Egli ha infuso nel cuore di quel popolo che ha scommesso sulla grandezza senza perdere la coscienza della propria piccolezza.

Interessi e orientamenti diversi non hanno soffocato questo seme, che è cresciuto via via nel sacrificio, nell'eroismo e nella dedizione amorosa al desiderio di edificare la patria.

La commemorazione di maggio ci mostra il coraggio di coloro che si sono fortificati nella loro umile condizione e non hanno lesinato sacrifici, rinunce, privazioni e persino la vita nel lungo cammino di costruzione di un focolare per tutte le persone di buona volontà che hanno abitato questo suolo.

Non hanno posto le fondamenta della patria su deliri di grandezza, arroganti e poco credibili, bensì sul quotidiano costruire e lottare, sbagliando e correggendosi.

Basta ripercorrere questi duecento anni per vedere che ci furono, come accadrà sempre, interessi meschini, ambizioni personali e di gruppo; ma è rimasto soltanto ciò che fu costruito per tutti, per il bene comune di tutti.

Alzando come Gesù il nostro sguardo al Padre, riconosceremo gli uomini che dalla loro umiltà, e solo dall'umiltà, oggi come allora, possono dare un contributo e condividere i risultati. Quelli che sono riusciti e riescono a liberarsi del peso delle loro ambizioni più smisurate, e prendono il volo in iniziative, creatività e dedizione alle cose più nobili.

In questa commemorazione ci ri-scopriamo, ci viene rivelato in modo autentico che l'amore di Dio nostro Padre ci accompagna da sempre nella grandezza umile di molti.

Ma sappiamo anche che il nostro Padre buono non si intromette nella nostra libertà, non interferisce nelle nostre scelte né le sminuisce. Se decidiamo di dormire il sonno dell'autosufficienza, se abbandoniamo la ricchezza dell'umiltà per crederci quello che non siamo, vivremo l'incubo di un paese che abbandona il suo destino, e sarà colpa nostra, solo nostra.

Ci sentiamo chiamati a chiedere la grazia di rigenerare il nostro spirito, di risvegliare la nostra verità che, per quanto appaia dura, non cessa di essere piena di speranza, perché chi si ritrova con se stesso, con gli altri e con Dio, si ritrova con la verità, e solo la verità ci rende liberi (*Gv* 8,32).

Con quell'alito di Dio che ha ispirato la vita creandoci con le sue mani, e che ci restituisce la consapevolezza di essere riconosciuti come figli in Lui, chiediamo per il nostro spirito la capacità e la sollecitudine di ascoltare, di pensare e sentire per agire in accordo con il nostro orizzonte e anelito di grandezza, ma anche tenendo i piedi per terra.

Prestare ascolto a ciò che è elevato come faceva Lui, essere udenti (*ob-audientes*), perché ci si riveli la verità a mano a mano che si svela il nostro orgoglio. Ascoltare il Signore che ispira cose grandi nel silenzio del nostro cuore e di quello del fratello, dell'amico e del compagno. Ricostruire il vincolo sociale a partire dalla solidità della ricerca comune.

Ecco come cresce e si dispiega la saggezza del nostro popolo, silenzioso e lavoratore, senza altra condizione sociale che quella di essere umile.

La saggezza di coloro che prendono su di sé la croce della sofferenza, dell'ingiustizia, delle condizioni di vita che devono affrontare quando si alzano ogni mattina sacrificandosi per i loro cari.

La saggezza di coloro che prendono su di sé la croce delle loro malattie, delle loro sofferenze e perdite, facendosene carico come Cristo.

La saggezza di «migliaia di donne e uomini che si mettono in coda per andare a lavorare onestamente, per portare in tavola il pane ogni giorno, per risparmiare e comprare a poco a poco mattoni per migliorare la casa … Migliaia e migliaia di bambini marciano in fila con i loro grembiulini per corridoi e strade, andando e tornando da casa a scuola, e da scuola a casa. Mentre i nonni, che custodiscono la saggezza popolare, si riuniscono a condividere e a raccontarsi aneddoti».

Attraverseranno crisi, saranno manipolati; il disprezzo dei potenti li emarginerà nella miseria, verrà loro offerto il suicidio della droga, il caos e la violenza; li tenteranno con l'odio e il risentimento vendicativo. Ma essi, gli umili, quale che sia la loro posizione e condizione sociale, faranno appello alla saggezza di chi si sente figlio di un Dio che non è lontano, che li accompagna con la croce e li incoraggia con la risurrezione in quei miracoli che sono i piccoli risultati quotidiani, che li incoraggia a godere delle gioie del condividere e del festeggiare insieme.

Quelli che assaporano questa mistica, i saggi della piccolezza, ricorrono a Colui che dà loro sollievo, all'abbraccio tenero di Dio nel perdono o nella dedizione solidale di molti che, in attività diverse, sono prodighi della ricchezza che posseggono. Perché la parola piena di amore, anche solo con un gesto, libera. Libera dal giogo che imponiamo a noi stessi quando ci proponiamo l'impossibile, ci castighiamo con l'irrealizzabile, ci avveleniamo fino a deprimerci con le nostre ambizioni e il nostro bisogno di riconoscimento, di distinzione, o con il nostro mendicare affetto: l'accumulare potere e ricchezza non è altro che questo. La sapienza dell'umile non ne ha bisogno, l'umile sa di valere per se stesso, si sente amato dal suo Padre e Creatore, anche davanti al disprezzo, all'abbandono, all'umiliazione. Così ci ha insegnato il Maestro dell'umiltà, colui che ha portato con leggerezza la sua croce nella Passione.

Pertanto, e alla fine di un cammino lungo duecento anni, questo giorno ci invita oggi a risvegliare in noi, ancora una volta, l'umiltà; l'umiltà di accettare quello che siamo e quello che possiamo, di avere la magnanimità di condividere con gli altri senza imbrogli né finzioni; perché le ambizioni smisurate avranno come unico risultato che il presunto vincitore diventi il re di un deserto, di una terra desolata, o il fattore di una proprietà non sua.

Gli imbellettamenti e i travestimenti del potere e la rivendicazione rancorosa sono involucri di anime che cercano di riempire il loro triste vuoto e, soprattutto, la loro incapacità di offrire cammini creativi che ispirino fiducia. È lo svuotamento derivante dalla compulsività della superbia nella sua manifestazione più ottusa, che è la presunzione.

La persona presuntuosa, o vanitosa, confonde intrighi con organizzazione, scaramucce con lotta, ricerca del vantaggio personale con orizzonte di grandezza. Poiché non sopporta se stessa, ha bisogno di intimidire gli altri e riempie di parole contraddittorie ciò che i fatti mostrano di per sé. Poiché è priva di proposte, si limita a enunciare rivendicazioni. Vive mettendo in dubbio, relativizzando o trasgredendo, perché sopravvive perpetuando la sua adolescenza.

Nessuno di noi è immune dalla presunzione, può darsi che sia un male argentino, che trova il suo castigo nell'incapacità di amare e di ricevere amore, ascoltare l'altro, farsi carico, *compatire*, essere solidali, accompagnare, tollerare i limiti e le differenze, accettare le limitazioni e i ruoli.

La persona presuntuosa è sola. Anche se è in compagnia di qualcuno, anche quando costringe alla deferenza e sottomette o vuole sedurre o impressionare con il suo comportamento e con le sue parole.

Non è forse l'insicurezza presuntuosa e mediocre a farci costruire muri, siano essi di ricchezza, o di potere, o di violenza e impunità? Ebbene, l'umiltà di Gesù ci rende più leggeri, ci toglie il giogo della nostra vanità e insicurezza, ci sprona ad avere fiducia, a condividere per includere.

Cari fratelli, l'invito di Gesù è di alleggerirci del peso di noi stessi, di tutte quelle finzioni, false credenze e ricette rapide che tanto ci piace sperimentare, per riacquistare invece fiducia nel lavoro fraterno, comunitario, magari a lungo termine. Come hanno imparato gli umili del nostro popolo, eroi famosi e anonimi, che si sono sentiti figli di Dio e di questa terra.

E come Egli stesso ci suggerisce: confidare come figli, come fece Lui, che non lesinò sforzi e dedizione anche senza vedere i risultati.

La fratellanza nell'amore come la visse Gesù ci dà sollievo, rende lieve il nostro giogo. Non si tratta di essere senza macchia – chiunque si impegni in prima persona non può fare a meno di imbrattarsi –, siamo però invitati a non rimanere nel porcile che ci corrompe, perché Dio ci perdona sempre e ci eleva. Dio non si stanca di perdonare, siamo noi che ci stanchiamo di chiedere perdono.

L'atteggiamento presuntuoso del «si salvi chi può», dell'approfittare della confusione per accumulare potere estemporaneo, provoca disgregazione. Il distacco che implica invece il sapersi piccoli ma pieni di fiducia fa nascere il piacere di costruire insieme la grandezza della patria.

Gesù Cristo, Signore della storia, concedici la grazia di saper godere della nostra fratellanza e amicizia umile, che ci induca a costruire insieme, perché ci sentiamo figli del Padre tuo e nostro. Risveglia il nostro cuore addormentato in rivalità e meschinità, prima che sia tardi, affinché non prestiamo ascolto, con superbia e arroganza, alle paure che ci svuotano e ci prosciugano, ma ci carichiamo del giogo lieve del condividere senza manipolare, poiché è un dovere di giustizia nei confronti dei nostri fratelli, di noi stessi e di te.

Maria di Luján, che sei rimasta come Madre nella nostra terra perché la considerassimo un dono, e trasmetti la tenerezza di Dio con la tua presenza, con le tue mani, con il tuo silenzio: ascolta il gemito del tuo popolo che si leva per una «giustizia a lungo attesa». Ascolta il lamento silenzioso di chi si strugge perché non ha speranza, di chi si affatica ogni giorno e viene ripagato con gli avanzi, di chi non ha più memoria della «gioia di esistere».

Il tuo volto ci dice che non c'è peso che possa affondarci, perché guardando a tuo figlio Gesù come tu lo guardi incontriamo la pace perfino nei momenti più difficili.

Da lì vogliamo recuperare l'umiltà che Lui ci ha mostrato così bene, e che ravviva la nostra fiducia. Così sia.

25 maggio 2011

Predicare la verità, fare il bene, rallegrare la vita

Ogni Giovedì Santo, nella messa crismale, torniamo all'eterno presente di questa scena in cui Luca riassume simbolicamente tutto il ministero di nostro Signore. Come intorno a una fonte, ci riuniamo per ascoltare il Signore che ci dice: «Oggi si è compiuta questa Scrittura che voi avete ascoltato» (*Lc*, 4,21).

Il Signore fa suo il testo di Isaia (61,62) per illuminarci sulla propria Persona e missione. Ha l'umiltà di non usare parole sue: assume semplicemente su di sé ciò che profetizza questo bellissimo testo, che è una continuazione del «libro della consolazione».

Noi, in quanto sacerdoti, partecipiamo della stessa missione che il Padre ha affidato a suo Figlio e perciò, in ogni messa crismale, siamo chiamati a rinnovarla, a ravvivare nei nostri cuori la grazia dello Spirito di santità che la Chiesa nostra madre ci ha trasmesso con l'imposizione delle mani. È lo stesso Spirito che scendeva su Gesù, il Sommo Sacerdote e Figlio amato, e che oggi scende su tutti i sacerdoti del mondo e ci invia a compiere la nostra missione in mezzo al popolo fedele di Dio.

Nel nome di Gesù siamo inviati a predicare la verità, a fare il bene a tutti e a rallegrare la vita del nostro popolo. La nostra missione si dispiega contemporaneamente in tre ambiti. Nei primi due è evidente: ogni annuncio del Vangelo si traduce sempre in qualche gesto concreto di insegnamento, di misericordia e di giustizia. E questo non solo come azione doverosa che deve seguire la riflessione. Nella matrice stessa della verità evangelica, ciò che illumina è l'amore, e la verità che più risplende nelle parabole del Signore è la verità della misericordia di un Padre che aspetta il figliol prodigo, è la verità che incita il cuore compassionevole di un buon Pastore a uscire da sé, la verità che fa il bene.

Il terzo ambito, quello della gioia, quello della gloria che è la bellezza di Dio, merita che gli dedichiamo un momento di riflessione per «sentire e gustare» la bellezza della missione. Luca riassume la bellezza della missione del Servo con l'immagine del poter vivere un «anno di grazia». Immaginiamo per un momento che cosa significherebbe per un popolo, incessantemente scosso dalla violenza e dall'iniquità, poter vivere un anno tranquillo, un anno di festa e armonia. Il profeta Isaia dipinge la bellezza della missione con tre magnifiche immagini che ruotano intorno alla parola «consolazione». Siamo inviati a «consolare gli afflitti, gli afflitti del nostro popolo». E la consolazione consiste nel cambiare la sua cenere con una corona, i suoi abiti di lutto con l'olio della gioia, la sua mestizia con un canto di lode. Il profeta parla di «corona» invece di «cenere», di «olio di letizia» e «veste di lode» invece di «spirito mesto» (*Is* 61,1-3).

La gioia e la consolazione sono il frutto (e pertanto il segno evangelico) del fatto che la verità e la carità non sono parole poetiche, ma sono presenti e attive nei nostri cuori di pastori e nel cuore del popolo presso cui siamo inviati. Quando nel cuore del pastore c'è gioia, è segno che ciò che fa proviene dallo Spirito. Quando c'è gioia nel popolo, è segno che ciò che ha ricevuto – come dono e come annuncio – veniva dallo Spirito. Perché lo Spirito che ci invia nel mondo è Spirito di consolazione, non di mestizia.

Sentiamo e gustiamo per un istante queste immagini di Isaia. Immaginiamo la gente com'è nei giorni di festa, vestita con i suoi abiti migliori, gli occhi pieni del fulgore dei fiori con cui adorna l'immagine di nostra Signora e dei santi, mentre canta e benedice con unzione e giubilo interiore. Come dipingono bene queste scene lo Spirito con cui Gesù ci fa capire che abita in mezzo al suo popolo! Non sono meramente decorative. Costituiscono l'essenza della missione, la «dolce e confortante gioia di evangelizzare» di cui parlava Paolo VI,* affinché il «mondo attuale – che è alla ricerca, a volte con angoscia, a volte con speranza – possa ricevere la buona novella, non attraverso evangelizzatori tristi e scoraggiati, impazienti o ansiosi» (lo spirito di mestizia), «ma tramite ministri del Vangelo la cui esistenza irradia il fervore di coloro che hanno ricevuto, prima di tutto in se stessi, la gioia di Cristo» (*Documento di Aparecida*, 552).

Non basta che la verità che predichiamo sia ortodossa, né che la nostra azione pastorale sia efficace. Senza la gioia della bellezza, la verità diventa fredda e perfino spietata e superba, come vediamo succedere nelle parole di molti fondamentalisti pieni di risentimento. Sembra che mastichino *cenere*, invece di gustare la dolcezza gloriosa della verità di Cristo, che illumina di una luce mite tutta la realtà, accettandola ogni giorno per come è.

Senza la gioia della bellezza, l'impegno per il bene diventa un'efficientissima *mestizia*, come vediamo accadere nell'azione di molti attivisti esaltati. Sembra che vogliano rivestire la realtà di statistiche luttuose, invece di ungerla con l'olio interiore del giubilo che trasforma i cuori, a uno a uno, da dentro.

Lo spirito amareggiato e offuscato dalla mestizia rappresenta l'attitudine opposta allo Spirito di consolazione del Signore. Lo spirito guasto della mestizia inasprisce con lo stesso aceto sia gli imbalsamatori del passato sia i virtualisti del futuro. È una sola e medesima mestizia, e si riconosce perché cerca di rubarci la gioia del presente: la gioia umile di chi si accontenta di ciò che il Signore gli dà ogni giorno, la gioia fraterna di chi gode nel condividere quello che possiede, la gioia paziente del servizio semplice e discreto, la gioia speranzosa di chi si lascia condurre dal Signore nella Chiesa di oggi. Quando Gesù afferma: «Oggi si è compiuta questa Scrittura che voi avete ascoltato», sta invitando alla

---

* Cfr. *Evangelii nuntiandi*, n. 80 (1975), citato da papa Francesco anche nell'Udienza generale del 22 maggio 2013.

gioia e alla consolazione dell'oggi di Dio. E badate che di fatto è il primo segnale della grazia nel cuore dei presenti, i quali, come dice Luca, rendevano testimonianza e si meravigliavano delle parole di grazia che uscivano dalla sua bocca. La consolazione però non è un'emozione passeggera, è una scelta di vita. I compaesani di Gesù optarono invece per la mestizia: «Parla bene, ma perché non compie qui in mezzo a noi quello che si dice abbia fatto a Cafarnao?». Ed ecco che la missione universale del Servo viene ridotta a una diatriba interna tra Nazaret e Cafarnao. Le dispute ecclesiali sono figlie della tristezza e generano sempre tristezza.

Quando dico che la consolazione è una scelta di vita, bisogna intendere bene che è un'opzione dei poveri e dei piccoli, non dei vanitosi né dei presuntuosi. La scelta del pastore che confida nel Signore e va ad annunciare il Vangelo unicamente con un bastone e un paio di sandali, e che segue la pace – questa manifestazione stabile e permanente della gioia – ovunque il Signore la faccia discendere.

Questo Spirito di consolazione non sta solo nel «prima di uscire a predicare». Ci aspetta anche, con la sua gioia copiosa, nel mezzo della nostra missione, nel cuore del popolo di Dio. E se sappiamo guardare bene, riguardo alla gioia è più quello che abbiamo da ricevere che quello che abbiamo da dare. E come gioisce il nostro popolo fedele quando può far gioire i suoi pastori. Come gioisce la nostra gente quando gioiamo con lei, e questo semplicemente perché ha bisogno di pastori consolati e che si lasciano consolare, affinché la guidino non al lamento o all'ansietà, ma alla lode e alla serenità; non all'esasperazione, ma alla pazienza data dall'unzione dello Spirito.

La Vergine, la quale riceve in abbondanza le consolazioni della nostra gente – che, come Elisabetta, le dice continuamente «beata Tu che hai creduto» e «benedetta tra le donne», «benedetto il frutto del tuo seno, Gesù!» – ci renda partecipi di questo Spirito di consolazione, affinché il nostro annuncio della verità sia gioioso e le nostre opere di misericordia siano unte con olio di giubilo.

21 aprile 2011

Essere pastori con l'odore delle pecore

Le letture di oggi ci parlano degli unti: Isaia, il servo di Jahvè, Davide e Gesù nostro Signore. I tre hanno in comune che l'unzione che ricevono è per ungere il popolo fedele di Dio che sono chiamati a servire; la loro unzione è per i poveri, per i prigionieri, per gli oppressi. Un'immagine molto bella di questo «essere per» del santo crisma è quella del Salmo: «È come olio prezioso versato sul capo, che scende sulla barba, la barba di Aronne, che scende sull'orlo della sua veste» (*Sal* 133,2). L'immagine dell'olio versato, che scende lungo la barba di Aronne e arriva fino all'orlo dei suoi abiti consacrati è immagine dell'unzione sacerdotale che, attraverso l'unto, arriva fino ai confini dell'universo, rappresentato qui dalle vesti.

La veste sacra del sommo sacerdote è ricca di simbolismi: uno di essi è quello dei nomi dei figli di Israele incisi nelle pietre di onice che adornavano le spalline dell'*efod*, da cui deriva la nostra odierna casula, sei sulla pietra della spalla destra e sei su quella della spalla sinistra. Anche sul pettorale erano incisi i nomi delle dodici tribù di Israele. Questo significa che il sacerdote officia caricando sulle proprie spalle il popolo fedele e portando i nomi delle tribù incisi nel cuore. Quando indossiamo la nostra umile casula, ci fa bene sentire sulle spalle e nel cuore il peso e il volto del nostro popolo fedele, dei nostri santi e dei nostri martiri.

Dalla bellezza della liturgia, che non è mero ornamento e gusto per i vestiti bensì presenza della gloria del nostro Dio risplendente nel suo popolo vivo e consolato, guardiamo all'azione. L'olio prezioso che unge il capo di Aronne non si limita a profumare la sua persona, ma si sparge e raggiunge le periferie. Il Signore lo dice con chiarezza: la sua unzione è per i poveri, per i prigionieri, per gli ammalati, per quelli che sono tristi e soli. L'unzione non è per profumare noi, tanto meno perché la conserviamo in una boccetta, perché l'olio diventerebbe rancido… e amaro il nostro cuore.

Il buon sacerdote lo si riconosce da come è unto il suo popolo. Quando la nostra gente è unta con olio di gioia, si nota: per esempio, quando esce dalla messa con il viso radioso come se avesse ricevuto una buona notizia. La nostra gente gradisce il Vangelo predicato con unzione, è grata quando il Vangelo che predichiamo penetra nella sua vita quotidiana, quando scende come l'olio di Aronne fino ai margini della realtà, quando illumina le situazioni limite, le periferie dove il popolo fedele è esposto agli attacchi dei predatori assetati della sua fede. Ci è grata, perché sente che abbiamo pregato per le sue cose: le sue pene e le sue gioie, le sue angosce e le sue speranze. E quando sente che il profumo dell'Unto le arriva attraverso di noi, trova il coraggio di confidarci ciò che vuole far giungere al Signore: «Preghi per me, padre, ho questo problema…». «Mi dia la sua benedizione» e «preghi per me» sono il segnale che l'unzione è arrivata fino all'orlo del mantello, perché ritorna convertita in richiesta. Quando siamo in questa relazione, e la grazia va e torna attraverso noi, siamo sacerdoti, mediatori fra Dio e gli uomini. Quello che voglio sottolineare è che dobbiamo sempre ravvivare la grazia e intuire in ogni richiesta, a volte inopportuna, a volte puramente materiale (in apparenza), a volte banale (ripeto, in apparenza) il desiderio della nostra gente di essere unta con l'olio profumato che sa che noi abbiamo. Intuire e sentire, come il Signore sentì l'angoscia speranzosa dell'emorroissa quando gli toccò il lembo del mantello. Questa immagine di Gesù in mezzo alla gente che lo stringe da ogni lato incarna tutta la bellezza di Aronne vestito da sacerdote e con l'olio che scende lungo le sue vesti. È una bellezza nascosta, che risplende solo per gli occhi colmi di fede della donna afflitta da flussi di sangue. Gli stessi discepoli – futuri sacerdoti – non vedono ancora, non colgono: nella periferia esistenziale vedono soltanto l'esteriorità della folla che spinge da ogni lato fino a soffocarlo (*Lc* 8,42). Il Signore invece sente l'unzione alla periferia del suo mantello.

È là che bisogna andare a sperimentare la nostra unzione, il suo potere e la sua efficacia redentrice: nelle periferie, dove c'è sangue versato, cecità che desidera vedere, schiavi di tanti cattivi padroni. Non è esattamente nelle esperienze personali autocentrate né in continui esercizi di introspezione che troveremo il Signore: qualche corso di autoaiuto nella vita non fa male, ma vivere passando di corso in corso, di metodo in metodo ci conduce al pelagianesimo, a minimizzare il potere della grazia che si attiva e cresce via via che usciamo nel mondo per dare noi stessi e il Vangelo agli altri; per dare la piccola unzione che abbiamo a chi non ha nulla di nulla.

Il sacerdote che esce poco da sé, che unge poco (non dico «che non unge affatto», perché la nostra gente ci ruba l'unzione, grazie a Dio), si perde il meglio del nostro popolo, il fatto che è capace di attivare le profondità del suo cuore presbiterale. Chi non esce da sé, invece di essere mediatore si trasforma a poco a poco in intermediario, in amministratore. Conosciamo tutti la differenza: l'intermediario e l'amministratore «hanno già il loro compenso», prosperano a spese delle parti e siccome non «ci mettono la propria pelle né il cuore», nemmeno ricevono un ringraziamento di cuore. È proprio questa l'origine dell'insoddisfazione di alcuni, che finiscono per diventare tristi, per convertirsi in collezionisti di antichità o di novità, invece di essere pastori con addosso l'odore delle pecore e pescatori di uomini. È vero che la cosiddetta «crisi di identità sacerdotale» ci minaccia tutti quanti e si innesta su una crisi di civiltà; ma se siamo capaci di bucare la sua onda, potremo prendere il largo in nome del Signore e gettare le reti. È bene che sia la stessa realtà a condurci là dove si nota che ciò che siamo per grazia è pura grazia, in quel mare del mondo odierno dove solo l'unzione (e non la funzione) ha valore, e risultano feconde le reti gettate unicamente nel nome di Colui in cui abbiamo confidato: Gesù.

Il Padre rinnovi in noi lo Spirito di santità con cui siamo stati unti, lo rinnovi nei nostri cuori in modo che l'unzione raggiunga le periferie, là dove il nostro popolo fedele ne ha maggiormente bisogno e dove più lo apprezza. La nostra gente senta che siamo discepoli del Signore, che siamo rivestiti con i suoi nomi e non vogliamo un'altra identità; e possa ricevere per tramite delle nostre parole e opere quell'olio di gioia che è venuto a portarle Gesù, l'Unto.

> Omelia per la messa crismale del 28 marzo 2013,
> scritta prima di partire per il Conclave